Werner Schlittenhardt

Glücklich + dankbar

Entdeckungsreise durch 150 Psalmen

WERNER SCHLITTENHARDT

Glücklich + dankbar

ENTDECKUNGSREISE DURCH
150 Psalmen

Werner Schlittenhardt, Jg.1952, aus Keltern, Baden.
Seit 1981 verheiratet, Vater von drei Kindern und Opa von vier Enkeln.
Von 1971–1974 theologische Ausbildung am Theologischen Seminar in Adelshofen. Danach für verschiedene Missionswerke in Asien sowie in Westeuropa tätig. Von 2005–2018 Gemeindediakon der Evang. Kirchengemeinde Linkenheim, Baden. Seit Mai 2018 im aktiven Ruhestand.

Werner Schlittenhardt
Glücklich + dankbar
Entdeckungsreise durch 150 Psalmen

Best.-Nr. 271 626
ISBN 978-3-86353-626-8
Christliche Verlagsgesellschaft Dillenburg

Best.-Nr. 180158
ISBN 978-3-85810-498-4
Verlag Mitternachtsruf, www.mnr.ch

Coverillustration: unsplash.com
Satz und Umschlaggestaltung: CV Dillenburg
Druck: GGP Media GmbH, Pößneck
Printed in Germany

VORWORT

Als ich vor genau einem Jahr in Rente ging, war mir klar, dass ich mich zukünftig mehr bewegen sollte. Spaziergänge in der näheren Umgebung boten sich an. Dabei wollte ich auch auf ein altes Ritual zurückgreifen, das ich früher schon immer wieder mal praktiziert hatte. Mit dem Losungsbuch wollte ich unterwegs sein und bei einem längeren Spaziergang die ganzen Verse einer Woche betend betrachten. Dabei entdeckte ich erneut, dass viele Losungsworte aus den Psalmen entstammten und dass diese eine wunderbare Basis bilden, um Gott zu loben und mit ihm über verschiedene Themen ins Gespräch zu kommen.

Gleich auf einem der ersten dieser Gebetsspaziergänge kam in mir der Wunsch auf, irgendwie einen Zugang zu allen 150 Psalmen zu bekommen. Schnell wurde der Gedanke geboren, ein Wort oder Thema aus jedem der Psalmen auszuwählen und diese Verse in besonderer Weise zu betrachten.

Als der Verlag Interesse an einer Veröffentlichung solcher Texte signalisierte, machte ich mich an die Arbeit. Durch ein Wort oder mehrere Worte sollte die Kostbarkeit eines jeden Psalmes deutlich zum Vorschein kommen. Da die Psalmen immer auch auf Erlebtem basieren, wollte ich auch mein eigenes Erleben mit dem Psalmwort in Verbindung setzen. Als diese Gedanken heranreiften, kam in mir der Wunsch auf, das Ganze nicht allein zu bewerkstelligen, sondern Freunde zur Mitarbeit einzuladen. Ich erstellte eine Liste von Menschen, die mir in Vergangenheit und Gegenwart zum Segen geworden waren. Jeder sollte einen Vers oder auch mehrere Psalmworte für sich auswählen, zu denen er dann eine Geschichte oder Auslegung schreiben könnte. Neben den Wortbeiträgen dachte ich auch an passende Fotos und Zeichnungen, die das Ganze ergänzen würden. Obwohl etliche der angeschriebenen Freunde mir eine Absage erteilen mussten, waren dann doch insgesamt 24 Personen bereit, sich an dem Projekt zu beteiligen. In etwa die Hälfte der Beiträge ist von Freunden verfasst und mit Initialen gekennzeichnet. Im Anhang erfährt der Leser jeweils die Namen der Beteiligten. Ein besonderes

Dankeschön gilt Stefanie Engelhardt. Neben etlichen Text-Beiträgen (ES) hat Stefanie für das Buch auch noch einige Zeichnungen zur Verfügung gestellt. Sie ist Hobby-Zeichnerin und hat das Projekt von Anfang an mit großem Eifer unterstützt. Ein weiteres herzliches Dankeschön gilt meiner Nichte Teresa Kowalzik. Von ihr stammen die Fotos, die manchmal als Ergänzung und dann auch wieder allein ein Psalmwort illustrieren und zum Nachdenken anregen sollen. Ein dickes Dankeschön gilt auch dem Verlag, der sich schnell dazu bereit erklärt hatte, dieses Buch zu veröffentlichen.

Der Titel „Glücklich + dankbar" zeigt zwei Themenfelder auf, die sich durch die ganzen Psalmen ziehen. Dabei geht es nicht um ein allgemeines Glücklichsein, wie es der Normalbürger definieren würde, sondern es geht darum, in Gottes Augen glückliche Menschen zu werden. Das wird gleich im ersten Psalm thematisiert, wenn es heißt: „Wohl dem (glücklich ist) ..." Noch stärker zieht sich wohl die Dankbarkeit durch die Psalmen, und sie beschließt auch die Reihe der Psalmen, wenn es im Psalm 150 mehrfach heißt: „Lobet Gott." Ja, in Gottes Augen glückliche und dankbare Menschen zu sein, das ist mein Wunsch für meine Freunde, die mitgewirkt haben, für mich und meine Angehörigen und für die Leser dieses Buches. Möge der Herr selbst seinen Segen dazu geben.

Werner Schlittenhardt
April 2019

PSALM 1,1.2

Wohl dem, der nicht wandelt im Rat der Gottlosen ... sondern hat Lust am Gesetz des Herrn.

Glücklich (Wohl dem ...)

Egal, wo wir wohnen, egal, wie jung oder wie alt wir sind, nach Glück sehnen wir uns alle. Und diese Sehnsucht wird auch dadurch geweckt, dass wir häufig mit Glücksangeboten in Berührung kommen. Manchmal sind es ganze Wellen von Glücksangeboten, die in schriftlicher, visueller und auch akustischer Form unsere Sinne benebeln. Und geben wir es ehrlich zu: Wir sind anfällig dafür. Ein älterer Mann, den ich über zwei Jahre betreute, war immer besonders angetan, wenn er Briefe öffnete, die ihm eine große monatliche Zusatzrente versprachen. Ich konnte ihn kaum davon überzeugen, dass die Aussichten, hier etwas zu gewinnen, höchst unwahrscheinlich waren.

Nun, auch in der Bibel geht es um das Glück und um das Wohl des Menschen. Die 150 Psalmen beginnen genau mit diesem Thema: *„Wohl dem"* heißt es gleich zu Anfang. In anderen Übersetzungen wird *„wohl dem"* mit *„glücklich ist"* übersetzt.

Der Ausdruck *„wohl dem"* in Psalm 1 sagt mir: Wer das befolgt, was hier steht, der ist in Gottes Augen ein glücklicher Mensch. Ja, es ist ein Unterschied, ob ich in meinen eigenen und in den Augen der Menschen ein glücklicher Mensch bin oder in Gottes Augen. In der Bibel geht es immer wieder darum, dass ich in Gottes Augen ein glücklich zu preisender Mensch bin. Und das bin ich dort, wo ich das Handeln Gottes ganz persönlich in meinem Leben erfahre. In Psalm 32,2 heißt es z. B.: *„Wohl dem Menschen (glücklich ist der Mensch), dem der Herr die Schuld nicht zurechnet."* Damit wird ebenfalls unterstrichen, dass Gottes Handeln an uns zu unserem Glück und Wohlergehen beiträgt. Hinzu kommt: Wer das befolgt, was nach dem *„Wohl dem"* steht, dem wird es auch wohlergehen. Für dieses Wohlergehen wäre der Rat gottloser Menschen ein großes Verhängnis, denn bei dem Rat, von dem hier die Rede ist, geht es nicht um Nebensächlichkeiten, sondern um Lebensführung, Lebensziele und die wichtigen Fragen des Lebens. Und da brauchen wir nicht in erster Linie menschlichen, sondern göttlichen Rat. Deshalb ist uns sein Wort gegeben, damit wir die Weichen richtig stellen und gute Entscheidungen treffen. Und sein Wort ist uns gegeben, damit unser Herz tief beglückt wird und wir Frucht bringen in unserem Denken und Tun. Ja, ganz gewiss, in Gottes Augen glücklich zu sein bedeutet, am Wort Gottes zu hängen wie ein Kind an der Brust der Mutter oder zu sein wie ein Baum, der seine Wurzeln nach dem Wasser streckt. Dann sind wir in Gottes Augen glückliche Menschen, und es wird uns wohlergehen.

PSALM 2,4

Aber der im Himmel wohnt, lachet ihrer, und der Herr spottet ihrer.

Unumstößlich

„Es gibt mit an Sicherheit grenzender Wahrscheinlichkeit keinen Gott." Dieser Schriftzug war Teil einer Buskampagne im Jahr 2009. Mit dieser Kampagne wollten atheistische und antireligiöse Menschen öffentlich Stellung beziehen und Mut machen, sich vom „märchenhaften Gottesglauben" zu befreien. Der Bus war in vielen Städten in England und Deutschland unterwegs. Einer der großen Befürworter dieser Gedanken ist Richard Dawkins. Sein Buch *Der Gotteswahn* wurde in atheistischen Kreisen sehr gelobt. Doch egal, wie stark er gegen die Existenz Gottes auch argumentierte, selbst bei seiner Buchvorstellung im Internet findet sich folgender Kommentar:

„Einen tatsächlichen Beweis der Nichtexistenz Gottes zu führen, an dem keine berechtigten Zweifel mehr angebracht wären, ist bislang niemandem gelungen. Auch wenn er selbst felsenfest davon überzeugt sein mag, und wenn noch so viele ihm folgen mögen: Auch Richard Dawkins ist dies mit *Der Gotteswahn* nicht gelungen."

Ich finde es sehr seltsam, wenn Menschen behaupten: Gott gibt es nicht. Immerhin haben unzählige Menschen von Gott geschrieben, dass sie seine Stimme gehört, dass sie zu ihm gebetet und ihn erlebt haben. Zumindest muss ein Mensch anerkennen, dass es Gott in dem Sinn „gibt", wie es auch andere Gestalten in der Literatur und Weltgeschichte „gibt", ob sie nun real existieren oder nicht.

Tausendfach wird in der Bibel erwähnt, dass Gott sprach und handelte. Und das von vielen verschiedenen Autoren über mehrere hundert Jahre hinweg. Die ganze Schöpfung wird ihm zugeschrieben. Adam und Eva haben laut Überlieferung ihren Ursprung bei Gott. Ebenso die Zehn Gebote und viele unserer Feiertage. Das, was in der Bibel über Gott berichtet wird, kann von Milliarden Menschen in Hunderten von Sprachen nachgelesen und bedacht werden.

Einzig die Frage, wie ich mich zu diesen Berichten, Beschreibungen und Bildern persönlich stelle, das ist offen. Jedoch ist dies keine Wissens-, sondern immer eine Glaubensfrage.

Wenn sich nun der Psalmbeter Gott lachend und regierend im Himmel vorstellt, dann will er damit sagen: „Menschlein, stoße ihn doch von seinem Thron. Könige, Intellektuelle, Vereinigungen, Nationen, andere Religionen, stoßt ihn doch vom Thron herunter! Doch wie wollt ihr es anstellen?" Denn jeder dieser Versuche gleicht doch einem Menschen, der mit einer Steinschleuder ein Flugzeug vom Himmel abschießen will, das hoch oben und unerreichbar vorbeifliegt. Ja, Gott lacht, weil keiner ihn von seinem Thron stoßen kann. Er lacht, weil keiner seine geheimen Pläne kennt und er immer am längeren Hebel sitzt. Und eines ist in der Menschheitsgeschichte klar und deutlich: Gott hat bisher noch jeden Atheisten, Gottesleugner und Spötter überlebt. Und er wird es auch weiterhin, egal, wie vehement die Angriffe auch sein werden.

Sollten wir da als Christen nicht auch gelassener und selbstbewusster sein, wenn uns Spötter und Gottesleugner begegnen und angreifen? Sollten wir uns nicht öfters den lachenden Gott vorstellen, der am längeren Hebel sitzt?

PSALM 3,6

**Ich liege und schlafe und erwache;
denn der Herr hält mich.**

Geborgen

Mitten in einer Krise, auf der Flucht und umgeben von Verfolgern, angeführt von seinem eigenen Sohn, weiß sich David geborgen in Gottes Hand. Er bekennt: „Auch wenn ich mich niederlege, schlafe und erwache – also gerade dann, wenn ich mich selbst nicht schützen und verteidigen kann –, ist doch der Herr auf meiner Seite und beschützt mich."

Wie hat David das geschafft?, fragen wir. Bei uns sind es oft schon Kleinigkeiten, die uns unruhig machen und schlaflose Nächte bereiten. Nun, ich denke, David hatte es in seinem bisherigen Leben immer wieder erfahren, dass Gott ihn gerade auch dort schützte, wo er selbst eigentlich schutzlos war. Dort, wo er den wilden Tieren auf der Weide ausgeliefert war oder dem unberechenbaren König Saul gegenüberstand. Auch später, als Saul ihn verfolgte und sie sich beide auf einmal in derselben Höhle einquartierten, beschützte Gott ihn. Als er später König geworden war und sein Sohn Absalom eine Revolte gegen ihn auslöste, befand er sich in Lebensgefahr und musste fliehen. Doch Gott lenkte die Geschicke, und im Kampfgeschehen, als Absalom seinen Vater verfolgte, verunglückte er an einer Eiche und wurde von Davids Leuten getötet. David selbst blieb unversehrt und konnte wenig später sein Amt als König fortsetzen.

Wahrscheinlich rechnete David manchmal damit, dass ihn in der Nacht ein Unglück treffen würde. Aber selbst dann wusste er: „Der Herr hält mich. Was können mir Menschen tun?" Ob wir es immer spüren oder nicht – das Wort macht uns gewiss: Die Hand des Herrn ist gerade da stark, wo wir selbst schwach und hilflos sind. Er lässt uns nicht fallen. Und selbst dann, wenn ich mich ein letztes Mal zur Ruhe lege, hält er mich und leitet mich hinein ins Licht, in seine neue Welt. Welch ein Trost und welch eine Hoffnung!

PSALM 4,8

**Du erfreust mein Herz,
ob jene auch viel Wein und Korn haben. (Lut 84)**

Was zählt?

Auf meinen Reisen in Asien habe ich oft den Eindruck gehabt, dass die Menschen dort mit dem Wenigen, das sie haben, zufriedener sind als die Menschen in unserem Land, die viel Geld ausgeben, deren Keller vollgelagert und deren Kleiderkammern gut bestückt sind.

Ich denke, in unserer westlichen Welt schaffen wir uns oft so vieles an, nicht, weil wir das alles wirklich brauchen, sondern weil wir einen guten Eindruck machen und uns mit unserer ganzen Habe in eine gehobene Reputation katapultieren wollen. Überall spüren wir es: Der äußere Reichtum zählt. Häuser, Autos, Kleidung, Reisen, die man sich leisten oder auch nicht leisten kann, all dies wird gesehen und bewertet. Ja, es beeinflusst auch unser eigenes Denken und unser Beurteilen anderer Personen.

Andererseits, wenn wir mit Menschen unterwegs sind, bei denen wir nicht einmal wissen, wer nun zu den materiell Reichen zählt, fühlen wir uns doch eher zu den Menschen hingezogen, die Freundlichkeit und Freude ausstrahlen. Menschen, die Herzlichkeit und Interesse am anderen versprühen. Und auf einmal kann es passieren, dass ein Mensch, der sonst im Überfluss lebt, selbst merkt, was ihm wirklich fehlt.

David sagt: „Das, was ich von Gott erfahre, und sein Handeln an mir, das ist es, was mein Herz erfüllt. Das ist es, was mich Lieder dichten und mich tanzen lässt." Er hat gespürt: „Mein Herz ist ein großes Gefäß, das gefüllt werden soll mit Reinem und Schönem, mit erquickenden und ewigen Wahrheiten. Und dafür ist der Herr meine erste Adresse."

Wie kümmerlich dagegen sind all die anderen Angebote, die äußerlichen Reichtum versprechen und suggerieren, dass die vielen Dinge des Lebens glücklich machen. Schon Jesus hat deutlich darauf hingewiesen: *„Niemand lebt davon, dass er viele Güter hat"* (Lukas 12,15). Freude und Fülle im Herzen sind das Entscheidende, und dafür steht uns der gesamte himmlische Reichtum offen, der uns durch Jesus geschenkt wird.

PSALM 5,4

Herr, frühe wollest du meine Stimme hören, frühe will ich mich zu dir wenden und aufmerken.

Frühaufsteher werden

Gott will, dass wir ihn als ersten Adressaten aufsuchen und ihm unser Herz ausschütten. Er will, dass wir ihn miteinbeziehen in das, was wir erleben und was auf uns zukommt. Er soll unsere erste Adresse sein ...

- in der Frühe, wenn die Jugendzeit beginnt;
- in der Frühe, wenn der Tag anbricht;
- in der Frühe, wenn die Sorgen anklopfen;
- in der Frühe, wenn ich neue Aufgaben übertragen bekomme;
- in der Frühe, wenn ich vor einem Problem stehe und um eine Lösung ringe;
- in der Frühe, wenn ich mit meinem Partner zusammen das Leben neu gestalten will;
- in der Frühe, wenn das erste Kind sich ankündigt;
- in der Frühe, wenn sich eine chronische Krankheit meldet;
- in der Frühe, wenn ich den Arbeitsplatz wechsle;
- in der Frühe, wenn ein lieber Mensch von mir geht und Trauer Einzug hält;
- in der Frühe, wenn auch bei mir die Kraft schwindet;
- in der Frühe, wenn ich weiß: Jetzt geht es bald weiter in eine andere und bessere Welt.

Je früher wir uns in diesen und anderen Phasen an Gott wenden und unsere Stimme an sein Ohr und Herz dringt, umso mehr kann er an uns handeln und uns in all diesen Bereichen gute Wege führen. Warten wir also nicht, bis sich etwas verschlechtert oder dramatisch zuspitzt. Werden wir Frühaufsteher, wenn es darum geht, dem Herrn unsere Lage und unsere Anliegen zu bringen. Er freut sich auf uns, und dann dürfen wir darauf gespannt sein, welchen Rat und welche Hilfe er für uns bereithält.

PSALM 6,3

Herr, sei mir gnädig, denn ich bin schwach.

Ich darf schwach sein

Es kostet Überwindung, aber es ist befreiend, wenn wir unsere Schwachheit vor den Herrn bringen. Denn nur dort, wo wir schwach sind, kann er uns mit seiner Gnade berühren. Nur dort lernen wir seine Hilfe und Stärke so richtig zu schätzen. Wenn ich derzeit mein Leben anschaue, dann will ich bekennen und beten:

- Herr, ich bin schwach, sei mir gnädig.
- Ich bin schwach – meine Lunge schafft nicht mehr das, was sie vor zehn Jahren noch geschafft hat. Einen Berg kann ich schon lange nicht mehr erklimmen.
- Ich bin schwach – seit Jahren gibt es so gut wie keine Nacht, in der ich mehr als vier Stunden am Stück schlafen kann.
- Ich bin schwach – ich kann nicht das Arbeitspensum schaffen, das viele andere gleichaltrige Menschen schaffen.
- Ich bin schwach – wie schnell werden mir Nebensächlichkeiten zur Hauptsache und die Hauptsache zur Nebensache.
- Ich bin schwach – mich auf einen anderen Menschen einzulassen und viel Zeit mit ihm zu verbringen fällt mir immer wieder schwer.
- Ich bin schwach – mein Gehör hat nachgelassen, meine Augenstärke ebenso.
- Ich bin schwach – der Gang zum Arzt und die Einnahme von Medikamenten sind mir schon zur Gewohnheit geworden.
- Ich bin schwach – es fällt mir schwer, meine 92-jährige Mutter zu ermutigen und ihr eine Hilfe zu sein.

- Ich bin schwach – oft nehme ich mir nur wenig Zeit zum Gebet und zum Lesen deines kostbaren Wortes.

Gebet: Herr, du kennst das alles und noch viel mehr. Sei mir gnädig und lass mich erkennen, dass letztlich nicht die Schwachheit zählt, sondern deine Gnade, die alle Morgen neu ist.

PSALM 7,10

Denn du, gerechter Gott, prüfest Herzen und Nieren.

Prüfungen

Irgendwann gab es bei mir eine Zeit, in der ich keine Prüfung mehr machen wollte. Doch die Lebensumstände erforderten es, dass ich mit über 50 immer noch einige wichtige berufliche Prüfungen zu bewältigen hatte. Ja, so ist es in der Regel. Prüfungen sind nicht gerade unsere Lieblingsprogramme. Denn sie zehren an unseren Nerven. Wenn sie gut ausgehen, gehen wir allerdings gestärkt und auch ein wenig stolz daraus hervor. Wenn sie jedoch schlecht ausfallen, können die Folgen gravierend sein. Mitunter werden wir disqualifiziert und aussortiert.

Wenn Gott uns prüft, dann hat er jedoch nicht im Sinn, uns auszusortieren. Dann geht es auch nicht darum, ob wir überhaupt zu ihm passen oder nicht, oder ob wir bei ihm am Spiel teilnehmen oder nur auf der Ersatzbank sitzen bleiben. Nein, ganz sicher nicht. Wenn er uns auf Herz und Nieren prüft, dann hat er ein großes Interesse an unserer geistlichen Gesundheit. Er prüft unsere Motivation, er prüft, ob unsere Worte und Taten zusammenpassen. Er prüft, inwieweit wir seinem Heiligen Geist Raum gehen. Er prüft unsere Beziehungen zum Bruder, zur Schwester, zu unserem Nächsten und zu unseren Feinden.

Ich vermute, dass in einem guten Fitnessstudio am Anfang eine gewisse Prüfung stattfindet, sodass dann die Geräte ausgesucht werden, die dem Teilnehmer bei den Fitnessübungen den größtmöglichen Gewinn bringen. Ein langsamer und guter Aufbau soll erfolgen und sich gesundheitsfördernd auswirken.

Ich meine, dass die Prüfungen Gottes an uns einen ganz ähnlichen Sinn und Zweck erfüllen. Er will uns in der Nachfolge Jesu an Aufgaben heranführen, die unsere geistliche Gesundheit fördern. Er stellt uns Menschen an die Seite, die uns ermutigen und auch an der einen oder anderen Stelle korrigieren und herausfordern. Besser als wir selbst weiß unser Herr, was wir brauchen. Dabei dürfen wir felsenfest wissen, dass Gott sich durch unsere Fehler nicht aus dem Konzept bringen lässt. Sein Plan ist schon fertig und liegt bereit. Und dieser Plan ist, uns geistliche Gesundheit zu schenken und uns zu segnen, damit wir für andere zum Segen werden.

PSALM 8,5

**Was ist der Mensch, dass du seiner gedenkst,
und des Menschen Kind,
dass du dich seiner annimmst?**

Winzig, aber wichtig

Dieser Tage hörte ich von einer jungen Frau in Amerika, die nur eine Passion hat: Sie will ins Weltall und eines Tages auf den Mars fliegen. Schon seit ihrer Kindheit denkt sie daran, einmal die Weiten des Weltraums zu durchqueren und der Menschheit im Rahmen einer Marsmission einen Dienst zu leisten. Dabei wäre sie wohl mehrere Jahre unterwegs. Nun, ob sie selbst es schafft und auserwählt wird oder ob es andere Personen sein werden, ist derzeit ungewiss. Sehr wahrscheinlich jedoch wird solch eine Mission in den nächsten zehn bis 20 Jahren zustande kommen. Einerseits eine grandiose

Geschichte, die wir Menschen mit modernster Technik bewerkstelligen können. Andererseits, wenn man diese Dimensionen bedenkt, dann erscheint unser Menschenleben wirklich winzig und unbedeutend.

Ähnlich groß wie zwischen der Weite des Weltalls und der kleinen Erde ist wohl auch der Unterschied zwischen Gott und Mensch. Jemand, der begriffen hat, wie groß und allmächtig Gott ist, der kann nur ausrufen, wie der Psalmbeter es tut: *„Was ist der Mensch, dass du seiner gedenkst?"* So groß, so erhaben, so kreativ, so mächtig ist der Höchste. Ja, was ist da dieses kleine, meist zwischen 1,50 und 190 cm große Lebewesen auf zwei Beinen, das schnell verletzt und entmutigt ist und so viele Hilfsmittel braucht, um einigermaßen gut leben zu können! Und doch erstaunt uns der Psalmbeter, wenn er gleich darauf ausruft: *„Du hast ihn wenig niedriger gemacht als Gott, mit Ehre und Herrlichkeit hast du ihn gekrönt"* (Vers 6). Damit wird klar, dass wir winzig sind im Vergleich zu dem riesigen Universum und winzig im Vergleich zur göttlichen Majestät. Gleichzeitig aber sind wir Gottes schöpferisches Gegenüber. Für ihn sind wir wichtig, wertvoll, ja, unersetzlich. Für ihn sind wir die Größten auf Erden. Die Frage ist: Was machen wir damit? Was machen wir damit, dass Gott so an uns denkt? Was machen wir damit, dass wir dazu bestimmt sind, Gottes kreative Mitarbeiter zu sein? Was machen wir damit, dass wir mit Ehre und Herrlichkeit gekrönt sind? Ich für mich möchte immer wieder darüber staunen und diesen großen Gott und Schöpfer des Universums anbeten. Und ich möchte in mir die Gedanken Gottes, der grundlegenden Autorität des Universums, wie Billy Graham Gott einst bezeichnete, bewegen und mich beständig der Berufung hingeben, die er mir zugedacht hat.

PSALM 9,20

Herr, steh auf, dass nicht Menschen die Oberhand gewinnen.

Menschen oder der Herr

Im ersten Moment sind wir geneigt, bei diesem Vers an politische Kräfte zu denken. Doch für mich ist dieses Gebet in erster Linie ein Gebet, das der Kirche, ja, der Gemeinde des Herrn gilt. Denn überall dort, wo Menschen im Namen Gottes Entscheidungen treffen, betreten wir eine sensible Ebene. Haben wir es nicht schon oft erlebt, dass wir den Eindruck hatten, bei dieser oder jener Entscheidung hat sich nicht der Geist Gottes, sondern diese und jene Person bzw. diese und jene Gruppierung innerhalb einer Gemeinde oder eines Verbandes durchgesetzt?

Und war das nicht gerade auch das Dilemma, dem Jesus begegnete, als er immer wieder mit den Schriftgelehrten und Pharisäern stritt? Musste er nicht genau dagegen angehen, dass nicht Menschen die Oberhand gewinnen, dort, wo es um Gottes Sache geht? Waren nicht er und seine Jünger eine Reformbewegung, damit Gottes Reich kommt und nicht Menschen die Oberhand gewinnen?

Wir sagen es leicht dahin und bekennen es: Jesus ist der Herr der Gemeinde. Er ist das Haupt. Doch wie oft drängen wir ihn an den Rand. Wie oft muss er zusehen, wie andere Mechanismen greifen und nach seinem Willen gar nicht gefragt wird, ja, dass sein Wille sogar mit Füßen getreten wird. Vermutlich weinte er nicht nur damals über Jerusalem, sondern er weint auch heute über uns: über viele unserer Sitzungen und Entscheidungen, über unseren Aktionismus und den Wunsch, mit menschlichen Argumenten und Mitteln eine „geistliche Oberhand" zu gewinnen.

Das Gebet *„Herr, steh auf, dass nicht Menschen die Oberhand gewinnen"* kann neu aus einem Herzen gebetet werden, das sich nichts Dringenderes wünscht, als dass Jesus, der Herr der Gemeinde, diesen Platz wieder einnimmt. Sein Wille und sein Wirken sollen uns neu auf den Weg des Segens führen, auf den Weg eines Miteinanders zu seiner Ehre.

PSALM 10,12

Vergiss die Elenden nicht!

Beten und Handeln

Müssen wir Gott wirklich an die Elenden erinnern? Weiß er nicht selbst, wo sie sind und dass er ihnen helfen kann? So könnte man denken, und solche Fragen stellt sich sicher auch der Psalmbeter, wenn er ausruft: *„Herr, warum stehst du so ferne, verbirgst dich zur*

Zeit der Not?" (Vers 1). Anderseits kann Gott auch uns fragen: „Warum kümmert ihr euch nicht mehr um die Elenden? Ihr seht sie doch, ihr lebt mit ihnen, sie sind in eurer Nähe, und es steht in eurer Macht, ihnen zu helfen."

Wer aber sind die Elenden? In unserem Psalm ist von Armen, von Vaterlosen, von Gefangenen die Rede, von Waisen und Unterdrückten. Der Elende ist hier vor allem einer, der von gottlosen Menschen geplagt, verworfen und verachtet wird. Deshalb wünscht sich der Psalmbeter ein starkes Eingreifen Gottes. *„Zerbrich den Arm des Frevlers und Bösen"*, ruft er in Vers 15 aus. Doch in Vers 17 gibt der Beter auch selbst eine Antwort auf seine Frage nach dem Eingreifen Gottes. Er schreibt: *„Das Verlangen der Elenden hörst du, Herr; du machst ihr Herz gewiss, dein Ohr merkt darauf."*

Ganz sicher ist es Gott nicht egal, wenn Menschen Unrecht leiden. Er merkt auf. Gleichzeitig sehnt er sich danach, dass ein Doppeltes geschieht: dass sich der Elende selbst mit Verlangen zu ihm wendet und dass dieses Verlangen nach Hilfe und Rettung durch betende und handelnde Menschen verstärkt wird. Und hier sind auch wir gefragt, vor allem in der Fürbitte für die Elenden: „Herr, vergiss die Elenden nicht. Vergiss nicht die Mutter, die ihr Kind alleine aufziehen muss. Herr, vergiss nicht den Mann, der gerade Witwer geworden ist. Herr, vergiss nicht den Bekannten, der noch immer arbeitslos ist. Vergiss nicht die Menschen aus den Nachrichten, die Hunger leiden oder von einem großen Unglück getroffen wurden." Ich meine, dieses Gebet ist uns gegeben, damit wir selbst zur Antwort werden. Nehmen wir die Aufgabe doch wahr und tragen unseren Teil dazu bei, dass Gott der Elenden in der Nähe und Ferne gedenkt und ihnen Hilfe zukommen lässt.

Aus der Geschichte der Israeliten lernen wir, dass das Elend manchmal recht lange anhalten kann. Lange Jahre litten und seufzten sie in Ägypten. Und doch hörte Gott allezeit ihr Schreien und entwarf einen Rettungsplan. Diesen führte er dann in Kooperation mit Mose durch. Und vielleicht sind auch wir aufgerufen, erst zu beten und dann zu handeln. Ja, letztlich will Gott durch uns selbst unser eigenes Gebet erhören und dem Elenden ganz praktisch in seiner Not und aus seiner Not helfen. Und so kommt es, dass wir

Gott konkret für die Elenden bitten und gleichzeitig in uns das Echo hören: „Vergiss, du Mensch, die Elenden nicht. Dich brauche ich. Sei du selbst Teil der Erhörung deines Gebets."

PSALM 11,4

Der Herr ist in seinem heiligen Tempel, des Herrn Thron ist im Himmel.

Gleichzeitig

In dem Film „Nur mit dir" hat die Hauptfigur, ein todkrankes, gläubiges Mädchen, eine Liste erstellt von Dingen, die sie in den letzten verbleibenden Monaten ihres Lebens noch tun möchte. Einer dieser Wünsche lautet, einmal an zwei Orten gleichzeitig zu sein. Der junge Mann, der sich in sie verliebt hat und der erschüttert ist, als er von ihrer tödlichen Krankheit erfährt, will ihr helfen, etliche dieser Wünsche auszuführen. Eines Tages fährt er mit ihr in seinem Auto an die Grenze des amerikanischen Bundesstaates, in dem sie wohnen. Beide steigen aus. „Was soll das?", fragt das Mädchen und weiß nicht, was der Freund vorhat. Doch dann befiehlt er ihr: „Stell den einen Fuß auf diese Seite und den anderen Fuß auf die andere Seite." Noch immer kann sie nicht erkennen, was das Ganze soll, und rätselt herum. Doch dann löst er das Rätsel auf und sagt: „Du bist jetzt an zwei Orten gleichzeitig. Der eine Fuß steht in unserem Bundesstaat, der andere im Nachbarbundesstaat."

Nun, für Gott ist es überhaupt kein Problem, an mehreren Orten gleichzeitig zu sein. Er ist im Himmel und in seinem heiligen Zelt bei seinen Menschen, sagt der Psalmbeter. Im Neuen Testament wird die Gegenwart Gottes noch erweitert. Jesus sagt, dass er das Haupt der Gemeinde ist, dass er aber auch da ist, wo nur zwei oder drei in seinem Namen versammelt sind. Ja, und durch den Heiligen Geist ist er in mir ganz persönlich und wirkt in mir.

Jeder einzelne gläubige Christ darf seine Wohnung, sein heiliges Zelt sein. Ein Wohnort des Heiligen und Höchsten. Welch ein Vorrecht, welch eine Bestimmung, welch ein Geschenk! Und gleichzeitig sind wir mit der unsichtbaren Welt und Realität des Himmels verbunden. Dort, wo Gottes Thron feststeht. Dort, wo es kein Leid gibt. Dort, wo ein ganz anderer Bundesstaat existiert und eine völlig andere Regierung herrscht. Dort, wo Jesus gegenwärtig ist. Dort, wo wir einmal sein und ihn schauen werden. So ist unsere Lebensreise eine Reise vom Bundesstaat Erde zum Gottesstaat Himmel; von einem heiligen, irdischen Zelt zum Thron des Himmels.

PSALM 12,6B

Ich will Hilfe schaffen dem, der sich danach sehnt.

Unsere Chance

Gott ist ein schöpferischer Gott. Und auch seine Hilfe ist eine schöpferische Hilfe. Darauf weist schon der Ausdruck „Hilfe schaffen" hin. Gott bietet uns Hilfe an, die mal so und mal anders aussieht. Nicht immer gleich. Aber immer ist es Hilfe, die von ihm kommt. Und das haben wir sicher auch schon erlebt. Da hat Gott uns finanzielle Mittel gegeben, von denen wir nichts geahnt hatten. Ein anderes Mal hat er uns die richtige Person, den richtigen Fachmann geschickt. Manchmal hat er uns auch dadurch geholfen, dass wir selbst auf eine gute Idee kamen und die Lösung herausfanden. Oder uns wurde Hilfe zuteil dadurch, dass sich das Problem quasi von alleine löste. Nein, wir brauchen Gott nicht vorzuschreiben, wie seine schöpferische Hilfe an seinen Geschöpfen aussehen soll. Dennoch dürfen wir ihm sagen, wie wir uns die Hilfe vorstellen. Das ist unser Vorrecht als Kinder des himmlischen Vaters. Auch können wir dabei unser Denken schöpferisch einsetzen. Allerdings nur unter der

Bedingung, dass wir an unserer Hilfs-Version und Vorstellung nicht festhalten wollen und tief im Innern wissen: Er will Hilfe schaffen, wie es ihm gefällt und wie es für uns gut und richtig ist.

Dass Gottes Hilfe auch davon abhängt, dass wir uns nach dieser Hilfe sehnen, auch das steht hier deutlich geschrieben. Oft lenkt uns die Sehnsucht nach Hilfe eher an diese und jene menschliche Stelle, von der wir dann direkte Hilfe erhoffen. Das kann mitunter auch von Gott gelenkt sein. Dennoch ist es gut, wenn er immer unsere erste Adresse ist, dann, wenn wir der Hilfe bedürfen. Ich bin manchmal auch geneigt, mir schnell einen menschlich halbwegs vernünftigen Plan auszuarbeiten, und vergesse dabei, dass ich in erster Linie Gott um Hilfe bitten kann. Ole Hallesby sagt, dass unsere Hilflosigkeit eine wichtige Voraussetzung dafür ist, dass wir beten und dass unsere Gebete erhört werden. Wie kostbar, dass Gott uns seine Hilfe zusagt. Eine schöpferische Hilfe, die oft über das hinausgeht, was wir uns vorgestellt hatten.

PSALM 13,6

Mein Herz freut sich, dass du so gerne hilfst.

Absolut hilfsbereit

Das Thema Hilfe taucht oft in den Psalmen auf und ist heute noch genauso aktuell wie damals, denn wir alle brauchen Hilfe bei den diversen Problemen in unserem Alltag. Manchmal haben wir Christen das Gefühl, wir müssten Gott überreden, damit er aus seiner Kammer tritt, um unsere Probleme zu sehen und uns seine Hilfe zu geben. Vor allem dann, wenn sich eine Sache lange hinzieht und einfach keine Lösung in Sicht ist. Dann denken wir: „Gott könnte doch hier ganz schnell das Problem lösen. Warum tut er es nicht?“ Fehlt es uns an Glauben? Sollten wir noch mehr beten? Ihn förmlich bitten und anbetteln, dass er etwas unternimmt? Nun, offen oder unterschwellig ergreifen solche Gedanken immer wieder mal Besitz von uns.

Daher ist es sehr wohltuend, sich das Psalmwort zu Herzen zu nehmen und sich zu vergewissern: Gott hilft gerne. Er ist absolut hilfsbereit. Wie ein Vater, der seinen Kindern mitunter eine Weile zusieht, wie sie mit einem Problem ringen, um dann einzugreifen und mit ein paar Handgriffen die Lösung zu geben.

Hin und wieder vergessen wir auch, dass Gottes Hilfe in erster Linie uns selbst und nicht den Umständen gilt. Unser Herz will er erreichen. Dass wir getrost werden, zur Ruhe kommen, geborgen sind mitten im Sturm. Dass wir nicht verzagen und verzweifeln. Dass wir erfahren: „In dir ist Freude in allem Leide." Ja, unser Herz will er mit Frieden und Freude füllen und uns dann auch einen anderen, einen geduldigeren Blick auf das Problem geben.

Und noch etwas: Auch unser Vertrauen ist entscheidend. Wir erinnern uns daran, dass Jesus in der Heimatstadt Nazareth nicht viele Wunder vollbringen konnte – wegen ihres Unglaubens, heißt es. Deshalb sucht er in uns auch nach Glauben und Vertrauen. Damit es bei uns geschehen kann, wie es bei den biblischen Menschen geschah, denen Jesus sagte: *„Dir geschehe, wie du geglaubt hast"* (Matthäus 8,13).

PSALM 14,2

Der Herr schaut vom Himmel auf die Menschenkinder, dass er sehe, ob jemand klug sei und nach Gott frage.

Geistliche Einsicht

Eine Gefahr unseres Christseins ist, dass wir meinen, wir wüssten schon, wo es langgeht. Dieses Denken erfasst uns dann, wenn wir uns in erster Linie auf Erfahrungen der Vergangenheit berufen und die gespeicherten Daten abrufen, die wir im Laufe unseres Lebens in unser Denken aufgenommen haben. Wir ziehen dann unsere christlichen Wissens- und Erfahrungsschubladen und finden auf fast alles eine schnelle Antwort. Denn Ungewissheiten, auch in geistlichen Dingen, ertragen wir nicht wirklich gerne. Doch mit dieser Haltung tun wir uns keinen Gefallen. Denn nach Gott zu fragen gilt nicht nur für den Start einer lebendigen Gottesbeziehung, sondern auch nachher für unseren Alltag als Christenmenschen. Es gilt für die vielen Themen und Entscheidungen des Lebens. Schon in der Schule profitiert in der Regel der am meisten, der keine Scheu hat, häufig Fragen zu stellen, weil ihn die richtigen Antworten interessieren.

Und Gott, der Schöpfer des Weltalls, der uns im Mutterleib gebildet hat, er kennt uns. Er weiß, ob wir sitzen oder stehen, und er versteht unsere Gedanken von ferne. Wie kein anderer hat er profunde und uns fördernde Antworten. Aber er gibt sie uns nicht automatisch. Er stülpt sie uns nicht über. Er gibt sie uns auch dann nicht, wenn wir die Haltung annehmen: „Ach, ich weiß es ja schon." Sondern dort, wo wir suchend bleiben und immer wieder nach seiner Weisheit und nach seinem Willen fragen, werden wir Einsichten gewinnen und Antworten finden. Antworten, die wir bisher noch nicht abgespeichert hatten und auf die wir selbst nicht ohne seine Hilfe gekommen wären.

In seinen Briefen an die Gemeinden betet Paulus immer wieder um geistliche Einsicht und Erkenntnis. Genau darum geht es. Hier manifestiert sich die wahre Klugheit eines Menschen. Hier werden wir weise und zu guten Ratgebern für andere. Ja, Gott zu suchen und nach seinem Rat und Willen zu fragen, das ist etwas, das, wie das Gebet, täglich zu unserem Christsein dazugehört.

PSALM 15,1

**Herr, wer darf weilen in deinem Zelt?
Wer darf wohnen auf deinem heiligen Berge?**

Weilen und verweilen

Schon immer hat der gläubige Mensch sich die Frage gestellt: „Bin ich eigentlich würdig, Gott gegenüberzutreten? Bin ich würdig, das Abendmahl zu nehmen? Bin ich würdig, dass er mein Gebet erhört? Bin ich würdig oder hat er an mir etwas auszusetzen?"

Im Alten Testament waren es die Leviten, die den Dienst im heiligen Zelt der Stiftshütte ausüben durften. Gott hatte sie auserwählt und als Stamm dazu berufen. Das gibt uns auch schon einen Hinweis darauf, dass es letztlich nicht um eine moralische Qualifikation eines Einzelnen gehen kann, sondern darum, dass wir als Berufene von Gott selbst erwählt und für würdig geachtet sind.

Dass es nicht nur um Moral geht, zeigt auch das Beispiel vom Pharisäer und Zöllner, das uns Jesus erzählt. Beide kommen in den Tempel. Der eine lebt ein angeblich reines Leben vor Gott, und der andere ist sich seiner Verfehlungen und Sünden voll bewusst und ruft aus: *„Gott, sei mir Sünder gnädig"* (Lukas 18,13). Und Jesus sagt seinen damaligen Zuhörern und auch uns ganz klar, dass Gott den Sünder annimmt und nicht den Selbstgerechten. Auch andere Worte der Heiligen Schrift deuten darauf hin, dass Gott denen nahe ist, die zerbrochenen Herzens sind. Ja, Sünder und hilflose Menschen, die nach Gott verlangen, und alle, die Gott beruft, dürfen in seine Gegenwart treten. Sie sind eingeladen. Und nicht nur das, sie dürfen weilen, ja, sogar verweilen. Gott will, dass wir Zeit mit ihm verbringen. Doch wie oft haben wir es eilig mit unserem Gebet und Bibellesen. Wie wenig nehmen wir das Angebot an, in der Nähe Gottes und in seiner Gegenwart zu verweilen.

Würde ein uns bekannter und von uns geschätzter Promi uns einladen, eine Weile bei ihm zu verweilen, würden wir uns sicher riesig darauf freuen und überhaupt keine Eile an den Tag legen, dieses wunderbare Treffen von unserer Seite her schnell zu beenden. Sollte uns das nicht zu denken geben, wenn wir uns bewusst machen, dass wir berufen und eingeladen sind, Zeit zu verbringen mit dem Herrn aller Herren, dem König aller Könige, dem Schöpfer des Himmels und der Erden, ja, mit unserem Gott und Vater? Einfach unglaublich, aber wahr!

PSALM 16,7

Ich lobe den Herrn, der mich beraten hat.

Ratgeber

Wie viele gute Ratschläge brauchen wir doch im Lauf unseres Lebens. Wollte man sie zählen, es wäre ein unmögliches Unterfangen. Ratschläge im Blick auf unsere Gesundheit, hinsichtlich unserer Schulbildung und unseres beruflichen Werdegangs. Ratschläge im Blick auf unsere finanziellen Ausgaben und Anschaffungen, im Blick auf Reisen und Behördengänge. Ratschläge in unseren Beziehungen und in Krisensituationen. Sicher erinnern auch Sie sich an den einen oder anderen Ratschlag, der Ihnen sehr geholfen hat und der für Sie wirklich bedeutsam war.

Als ich vor etlichen Jahren einmal in die Arbeitslosigkeit rutschte, überlegte ich fieberhaft, wie ich wieder zu einer vernünftigen Arbeit kommen könnte. Doch eine schnelle Lösung war nicht in Sicht. Als Ehepaar bewegten wir diese und jene Möglichkeit und sprachen miteinander darüber. Ich meldete mich beim Arbeitsamt, doch auch da war kein Angebot, das gepasst hätte. Immer wieder beteten wir um Gottes Hilfe und Eingreifen. Schließlich meldete sich ein Pfarrer im Ruhestand mit einem Rat, der mich aufhorchen ließ. Sein Rat bewegte mich, und ich folgte ihm. So schrieb und telefonierte ich und setzte einiges in Bewegung. Zuletzt stellte ich mich bei einer Kirchengemeinde vor, die einen Gemeindediakon suchte. Das Ganze schien sehr hoffnungsvoll. Doch dann erhielt ich von dort eine unerwartete Absage. Ich war sehr enttäuscht und niedergeschlagen. Ein paar Tage danach erhielt ich jedoch einen Anruf, der eine neue Hoffnung in mir entfachte. Die Kirchenleitung informierte mich über eine andere Gemeinde, bei der ich mich ebenfalls vorstellen könnte. Ich meldete mich dort und wurde zu einem Gespräch eingeladen. In der Ältestensitzung berichtete ich dem Gremium, wer ich war und was ich bisher im Leben getan hatte. Nach meiner Vorstellung beriet das Gremium nur wenige Minuten, dann verkündeten sie mir, dass sie mich nehmen würden. Es gab noch manche Hürden zu bewältigen, doch die nächsten 13 Jahre verbrachte ich dann in dieser badischen Kirchengemeinde. Es war für mich ein gottgeschenkter Glücksfall, ein voller Gewinn, ein großer Segen. Ich kann ganz ehrlich sagen: Es war das Beste, was mir hätte passieren können.

Ja, deshalb kann auch ich sagen: „Ich danke dem Herrn, der mich beraten hat." Und wie bei mir, so geschieht es oft, dass andere Menschen Gottes Ratgeber-Sprachrohr sein dürfen. Und so ist eigentlich jeder, der mit Jesus lebt, auch dazu berufen, Sprachrohr des Höchsten zu sein. Gott will uns immer wieder innerlich aufrufen, in seinem Namen Rat zu geben. Geistlichen und praktischen Lebensrat, der im Grunde genommen von dem kommt, der schon im Alten Testament Wunder-Rat genannt wurde.

PSALM 17,8

Behüte mich wie einen Augapfel im Auge.

Gefährliche Welt

Wenn ein großes Unglück in der Welt oder ein tragischer Unfall bei uns in der Nähe passiert, dann hört man schnell: „Warum hat Gott das zugelassen? Warum hat er es nicht verhindert?" Nun, ich habe den Eindruck, dass wir allzu schnell vergessen, dass wir in einer sehr gefährlichen Welt leben. Wer genau hinschaut, der sieht, dass die Gefahren, denen wir tagtäglich ausgesetzt sind, immens sind. Zum einen sind da die Gefahren, die wir uns selbst geschaffen haben, vor allem mit Technik und Geschwindigkeit. Hinzu kommt, dass wir Menschen einander viel Leid antun. Auch das ist täglich in den Zeitungen zu lesen. Leid durch Alkohol, Drogen, Hass, Wut, Streit, Neid, Unterdrückung, Rache, Vergewaltigung etc. Es fehlt oft nicht viel und der Mensch wird zu einem hungrigen und gierigen Tier, das auf einen anderen Menschen losgeht. Dann gibt es auch noch die Gefahren durch die Natur, denen wir auf dieser Erdkugel ausgesetzt sind. Aber auch hier sind wir oft mitschuldig, denn wer hat uns gesagt, dass wir so nahe am Meer bauen sollen oder an den Hängen eines Berges? Muss man sich dann wundern, wenn ein Tsunami oder ein Erdrutsch viele Häuser unter sich begräbt? Sicher gibt es auch Geschehnisse, bei denen verschiedene unglückliche Umstände ein Unglück auslösen und wo man sich tatsächlich auch fragen kann: „Herr, warum ist das jetzt so passiert? Warum hast du es nicht verhindert?"

Auch als Christen sind wir diesen Gefahren durch Menschen, Technik und Natur ausgeliefert. Auch uns ereilt so manches Unglück. Gerade deshalb ist es wichtig, dass wir uns Gott auf unseren Wegen anvertrauen. Am besten schon von Kindesbeinen an. Ich erinnere mich, dass meine Mutter am Bett, bevor wir als Kinder aufstanden und zur Schule gingen, immer wieder diesen Liedvers als Gebet um Bewahrung für uns betete: „Führe mich, o Herr, und leite meinen Gang nach deinem Wort, sei und bleibe du auch heute mein Beschützer und mein Hort. Nirgends als bei dir allein kann ich recht bewahret sein."[1] Ja, wir dürfen Gott um Bewahrung bitten für unsere Wege in einer gefährlichen Welt. Für die Wege unserer Familie, unserer Verwandten, Freunde und Glaubensgeschwister. Auch für die Wege, die nicht so leicht sind. Gott will unser Schutz und Helfer sein. Sein Schutz ist noch wichtiger als der Schutz durch Versicherungen. Seine Hand will uns halten und leiten auf dieser Erde.

---

1 Gott des Himmels und der Erden
Melodie: Heinrich Albert 1642
Nachdichtung des Morgensegens von Martin Luther

PSALM 18,29

Der Herr, mein Gott, macht meine Finsternis licht.

Licht hat gesiegt

Ich sitze ihm Wohnzimmer der befreundeten Familie, bei der ich schon so viele fröhliche Stunden verbracht habe. Nun spielt sich das Drama in dieser Stunde fast unwirklich vor meinen Augen und

Ohren ab. Ich erlebe eine von vielen Krisen hautnah mit und bete gegen eine fast spürbare dunkle Macht. Meine Freundin Cora (Mutter zweier Kinder) steht ihm Flur. Tom, 14 Jahre alt, ruft mit heller, panischer Stimme: „Mama, Mama, was ist los? Wohin gehst du jetzt?" Coras Mann eilt herbei und redet auf Tom ein. Er ist innerhalb von Wochen um Jahre gealtert, und in seinen Gesichtszügen ist so viel Leiden eingegraben, dass ich keine Worte dafür finde. Karina, 17 Jahre alt, höre ich in ihrem Zimmer: „Ich hasse ihn, ich hasse ihn so sehr! Mama, wenn du gehst, dann bringe ich mich um!"

Was kann ich angesichts der nahenden Katastrophe tun? Die Welt dieser Kinder stürzt ein und droht sie unter sich zu begraben. Der Ehemann und Vater wird irre angesichts seiner Ohnmacht, ihre und seine Welt zu retten. Meine Freundin Cora und ich ziehen unsere Jacken an für einen Spaziergang, um zu reden.

Ich kenne die Geschichte von Anfang an. Cora ist einem anderen Mann begegnet, in den sie sich verliebt hat, erst zart und dann heftig. Nach Ehejahren, die ihr im Inneren lange, eintönig und welk geworden sind, vermittelt er ihr das Gefühl, lebendig und glücklich leben zu können, wenn sie zu ihm zieht. Das ist es, was sie in sich wahrnimmt. Mir wird in dieser Situation bewusst, wie viel Machtlosigkeit in uns Menschen ist angesichts von ungestillten Sehnsüchten. Natürlich ist ihr bewusst, dass es richtig wäre, bei ihrer Familie zu sein, aber sie will nicht gegen ihren eigenen Willen bleiben.

Wir reden, ich höre zu und sage ihr meine Meinung. Noch einmal zeige ich ihr klar, dass ihr Vorhaben nicht dem Willen Gottes entspricht. Sie weiß es und sieht es und doch ist sie in diesem Strudel gefangen, der sie und die Menschen um sie nach unten zieht. Zu einem späteren Zeitpunkt sagen mir die Kinder, wie furchtbar die Situation für sie war, und der Mann erzählt von seinen erfolglosen Versuchen, sie umzustimmen. Er erzählt von seinen Fehlern und seiner Angst, sie zu verlieren, für sich und vor allem für die Kinder.

Spät am Abend verabschiede ich mich und nehme die ganze Situation als brennenden Schmerz mit mir mit, um sie Gott hinzuhalten. Tage und Wochen vergehen im Auf und Ab. Kurz vor Weihnachten spitzt sich die Situation zu. Cora hat sich entschieden, ihre Familie zu verlassen. Der Kleiderschrank ist geräumt, der Zeitpunkt steht fest. Eine Freundin kommt und überredet sie, doch noch für ein paar Tage an einen neutralen Ort zu gehen. Und tatsächlich findet sich kurzfristig eine Einrichtung, wo sie ein paar Tage bleiben kann und Beratung erhält. Ein Therapeut kann ihr aufzeigen, dass nicht der Weg aus den familiären Strukturen ihr Glück sein wird und dieses auch nicht von einem anderen Menschen abhängt. Sie lässt sich auf den Rat ein und kehrt nach Hause zurück. Sie will es noch einmal mit ihrer Familie versuchen und Abstand zu dem anderen Mann nehmen.

Einen Tag vor Weihnachten erhalte ich einen Anruf von ihr. Voller Hoffnung und mit freudiger Stimme lädt Cora mich für den ersten Weihnachtsfeiertag zu sich ein. Und voller Erleichterung teilt sie mir mit: Die Entscheidung für ihre Familie ist gefallen. Ich kann es kaum fassen. Es wird für uns alle ein unvergessliches Weihnachten. Am Heiligen Abend sind sie als Familie im Gottesdienst. Die Predigt spricht so stark und persönlich zu ihnen, dass sie wissen: Gott spricht genau in ihre Situation hinein. Jeder von ihnen hört es, und zusammen folgen sie dieser inneren Stimme.

Cora erzählte mir später, dass es war, als ob Licht in ihr Inneres fiel und alles beleuchtete, sodass sie wieder sehen konnte. In der Zeit ihrer inneren Krise kam sie sich selbst wie fremd, wie in einem schwarzen Loch vor. Es war kalt, und die Dunkelheit klebte wie Pech an ihr. Es stellte sich heraus: Der Mann, den sie zu lieben glaubte, hatte mit okkulten Praktiken zu tun gehabt. Cora beschrieb mir, dass es für sie war, als hätte sich etwas über sie gelegt, das sie gebunden und gelähmt hätte. Im Heiligabend-Gottesdienst aber ging für sie neu und strahlend Gottes Licht auf.

Das haben auch ihre Kinder und ihr Mann so erlebt. Die Entscheidung füreinander und das Lossprechen von dunklen Mächten setzte ihr Leben wieder frei. Ihre Herzen und Gesichter wurden erfüllt und wunderbar froh.

Diese Geschichte hat sich vor einem Jahr ereignet, in der Zwischenzeit konnten Verletzungen und Wunden heilen und Vertrauen ineinander wachsen. Als ich jetzt in der Adventszeit wieder auf Besuch bin und im Wohnzimmer sitze, bin ich voller Dank und tiefer

Freude und doch auch wieder demütig vor Gott. Er hat mein Gebet erhört, als ich schon nicht mehr an einen guten Ausgang glauben konnte. Er ist mit seinem Licht und seiner Klarheit in die Mitte dieser Familie getreten und hat viel Leid abgewendet mit seiner Macht.

ES

PSALM 19,15

Lass dir wohlgefallen die Rede meines Mundes und das Gespräch meines Herzens vor dir, Herr, mein Fels und mein Erlöser.

Zwei Säulen des Gebets

In diesem Vers werden uns zwei Säulen des Gebets vor Augen geführt. Zum einen ist es etwas, das wir bewusst Gott, dem Vater, und unserem Herrn Jesus Christus gegenüber aussprechen. Etwas, das wir laut und hörbar formulieren und in Worte fassen und an die göttliche Adresse weitergeben. Etwas, von dem wir hoffen und wünschen, dass Gott es hört, dass es seinen Gefallen findet und dass er handelt. Das kann allein oder auch in Gruppen geschehen. Gebetsgemeinschaften sind eine wichtige geistliche Übung: mit anderen und vor anderen meine Anliegen zu bewegen und diese im Gebet auszusprechen. Dann darf auch die Freude der Erhörung eine größere Freude werden, weil andere darum gewusst haben und sich mit freuen können.

Die zweite Säule ist das innere Gespräch des Herzens – ein stilles Gebet. In der Elberfelder Übersetzung steht: *„Lass ... das Sinnen meines Herzens wohlgefällig vor dir sein."* Damit sind wohl auch die inneren Gespräche gemeint, die wir mit uns selbst führen. Gedanken, die uns umtreiben. Dinge, auf die wir uns gedanklich konzentrieren, bewusst und unbewusst. Das kann ein Seufzen sein aufgrund einer Last, die sich auf uns gelegt hat. Das kann auch eine tiefe Sehnsucht sein, etwas, das uns stark bewegt. Das können Wünsche und Gefühle sein, die sich regen, wenn uns etwas zu Ohren kommt, das uns berührt.

In seinem Brief an die Epheser legt Paulus der Gemeinde nahe: *„Singt und spielt dem Herrn in eurem Herzen und sagt Dank Gott, dem Vater, allezeit für alles“* (Epheser 5,19-20). Das ermutigt uns, gerade auch unsere inneren Regungen in dankbare Spuren zu lenken. Denn wenn sich dort schon Freude, Singen und Dank regen, dann hat das Auswirkungen auf unser ganzes Leben.

Die Herzensregungen und die inneren Gespräche sind vor allem auch dort wichtig, wo ich in einer Situation stecke, in der ich mich nicht laut äußern kann. Das kann mitten im lauten Getümmel des Alltags sein oder auch in der Nacht, wenn ich lange wach liege und sich in meinem Innern allerlei Gedanken und Gefühle regen. Wie gut, dass wir dann das Gespräch des Herzens üben können und wissen, dass Gott die feinsten Regungen unseres Innern wahrnimmt. Ja, und dort, wo sie ihm wohlgefallen, dort wird er ganz gewiss zu unserem Wohlgefallen eingreifen. Denn er ist der Fels, auf den wir uns verlassen und auf den wir unser Leben bauen können. Bei ihm sind wir auf der sicheren Seite. Und er ist der Erlöser, der Lösungen für uns bereithält, dort, wo wir noch Fragen und ungelöste Probleme sehen. Deshalb halten wir ihm gerade auch unsere ungelösten Fragen hin. Er hat Lösungen für die kleinen und großen Dinge unseres Lebens. Das gilt für heute und morgen und für den Rest unseres Lebens.

PSALM 20,5

Der Herr gebe dir, was dein Herz begehrt, und erfülle alles, was du dir vornimmst.

Was begehrt mein Herz?

Welch ungewöhnlicher Wunsch: *„Der Herr gebe dir, was dein Herz begehrt!“* Ich erinnere mich nicht daran, dass ich jemals in solch großzügiger Weise einer Person diesen Vers zugesprochen habe. Irgendwie habe ich hier bisher Hemmungen gehabt. Bedeutet das denn nicht: „Alles, was dein Herz begehrt und du vorhast, das erfülle der Herr?" Klingt das nicht nach dem Wohlstandsevangelium, das hier und da in den Gemeinden verkündet wird? Ist dieser Wunsch nicht viel zu großspurig angesetzt? Sind in unserem Herzen nicht auch Sünde und ein ungutes Wunschprogramm zu finden, das der Herr auf keinen Fall erfüllen kann?

Nun, auf der positiven Seite muss ich vermerken: Es geht dem Psalmbeter um das Wirken Gottes für den König, den Regenten des Landes. Ihm gilt dieser Wunsch. Und ja, dem Psalmbeter ist bewusst: Der König ist darauf angewiesen, dass Gott ihm das Beste gibt. So soll es sein. Gott soll geben, Gott soll erfüllen. Das ist wahrlich ein guter Ansatz. Und dann sagt der Psalmbeter auch nicht: „Gott gebe dir, was dein Stolz begehrt oder was dein Eigensinn begehrt." Er sagt auch nicht: „Gott gebe dir, was dein Gefühl begehrt." Nein: „Er gebe dir, was dein Herz begehrt." Nun, wenn wir unser Begehren deuten, dann denken wir in erster Linie an materielle Dinge, die wir benötigen. Dinge, die unser Leben bequem und angenehmer gestalten und uns einen gewissen Vorteil bringen. Das ist aber wohl nicht das wirkliche Begehren unseres Herzens. Unser Herz begehrt im Tiefsten wohl das, was uns mit Heil und Leben erfüllt, wie es im Adventslied „Macht hoch die Tür" heißt. Unser Herz begehrt Reinheit, damit wir Gott schauen können und damit wir weise handeln. In den Sprüchen lesen wir es: *„Behüte dein Herz mit allem Fleiß, denn daraus quillt das Leben"* (Vers 23). Das Leben, das Gott meint, das, wozu er uns geschaffen hat, das ist das eigentliche Begehren des Herzens. Und so gesehen ist dieser Wunsch ein wirklich geistlicher Wunsch, den ich jederzeit auch an andere weitergeben kann. Ja, der Herr gebe dir, was dein Herz begehrt.

PSALM 21,14

Herr, erhebe dich in deiner Kraft, so wollen wir singen und loben deine Macht.

Kraft und Sieg

Regelmäßig vor einer Predigt bete ich darum, dass Gott mich und die Zuhörer segnen möge, uns seinen Frieden schenke und uns mit seiner Kraft anrühren möge.

Aber was ist das für eine Kraft, die uns anrühren soll? Und was meint der Psalmbeter, wenn er betet: *„Herr, erhebe dich in deiner Kraft"?* Wenn ich dieses Psalmwort vom Neuen Testament her anschaue, dann denke ich in erster Linie an die Auferstehungskraft unseres Herrn und wie die Jünger sie erlebten. Damals, als er sie auf dem Berg versammelte und Abschied von ihnen nahm, waren sie recht ängstlich und niedergeschlagen. Einige zweifelten, heißt es. Doch als Jesus sich in der Auferstehungskraft gen Himmel erhob, kehrten sie kurz darauf mit großer Freude nach Jerusalem zurück, schreibt Lukas. Auf einmal waren sie zuversichtlich und vertrauensvoll. Und es entstand sofort eine betende und auf den Geist Gottes wartende Einheit – durch die Auferstehungskraft des Herrn. Die Jünger wussten: Ja, er lebt. Und sie wussten: Er ist der Sieger, selbst über den Tod.

Und dann erlebten sie wenige Tage später die Pfingstkraft. Die Kraft des Heiligen Geistes kam auf sie und erleuchtete sie. Wie ein Dolmetscher vermittelte der Heilige Geist ihnen die Geheimnisse Gottes. Er machte sie sprachfähig für die Sache Gottes. Und genau diese beiden Kräfte sollen sich auch in unserem Leben zeigen. Die Auferstehungskraft des Herrn will uns den Sieg geben. Nicht automatisch, sondern indem wir aufsehen auf Jesus, den Anfänger und Vollender des Glaubens. Dort, wo Schwächen, Niederlagen, ungelöste Fragen, Zweifel und Müdigkeit etc. uns bedrängen, dürfen wir die Auferstehungskraft des Herrn erbitten. Er will uns die große Freude, die Gewissheit und den Sieg geben.

Und in der Pfingstkraft liegt die Hilfe für das tägliche Leben. Sie brauchen wir, damit wir beim Lesen des Wortes erleuchtet werden. Und damit wir freudige Beter und sprachfähig werden für Gott und seine Sache. Wir brauchen die Pfingstkraft des Geistes, damit wir Gottes Willen erkennen und erfahren, wie er uns führt und leitet, gerade auch in den täglichen Angelegenheiten. Nicht nur die Jünger damals, auch wir leben von diesen beiden Kräften: von der Auferstehungskraft Jesu und der Pfingstkraft des Heiligen Geistes in unserem Leben und in unseren Gemeinden. Und darum dürfen wir beten.

PSALM 22,12

Sei nicht ferne von mir, denn Angst ist nahe; denn es ist hier kein Helfer.

Angstwellen

Angst ist ein starkes und mächtiges Thema. In vielen Bereichen unseres Lebens kann sie über uns hereinbrechen oder sich anschleichen und uns überwältigen. Ja, manchmal sind es Wellen, die über uns kommen und uns die Gesundheit rauben, die unsere Beziehungen belasten und Misserfolg mit sich führen. Und mitunter ist kein Land in Sicht, und wir finden keinen Menschen, der uns heraushelfen kann. Der Psalmbeter sucht seine Hilfe aber bei Gott. Sicher auch deshalb, weil er schon in der Vergangenheit erfahren hat: „Wenn Gott nahe an meiner Seite ist, dann muss die Angst weichen, denn er ist größer und mächtiger als jede Angst." Gott ist der Schöpfer des ganzen Weltalls und hat die Kontrolle auch über jeden noch so hohen Wellenberg. Das darf mir Mut machen.

Meiner kleinen oder großen Angst, ja, selbst meinen Angstwellen bin ich nicht alleine ausgeliefert. Gott ist größer und stärker. Er will mir Hilfe und Geborgenheit schenken. Wohl uns, wenn wir ihn nicht erst dann, wenn die Wellen stark über uns kommen, bitten, uns nahe zu sein. Wohl uns, wenn wir schon beim Anschleichen der Angst unseren Blick erheben und festhalten: „Damit will ich nicht allein fertigwerden. Das ist eine Sache für meinen Herrn und Meister."

Es ist wie bei Kindern, die sich in eine Gefahrenzone begeben. Je früher sie dies bemerken, um Hilfe rufen und nach der helfenden und rettenden Hand von Vater und Mutter oder großen Geschwistern greifen, umso schneller weichen Angst und Gefahr zurück. Und auch bei uns ist dies der Fall. Je früher wir die Ansätze der Angst entlarven und den Herrn um seine Nähe und Hilfe bitten, desto schneller werden wir eine Lösung finden, und der Friede Christi wird unser Herz regieren.

PSALM 23,1

Der Herr ist mein Hirte, mir wird nichts mangeln.

Der Herr ist mein ...

Der Herr ist mein Computer. Er ist nie ausgeschaltet und stürzt nie ab. Die Programme sind absolut zuverlässig und virenfrei. Er hat immer nützliche Seiten, die er mir öffnet. Sie helfen mir, glücklich zu werden. Im Chatroom kann ich meine Fragen und Probleme loswerden. Der Herr ist mein Computer.

Der Herr ist mein gefüllter Kühlschrank. Wenn meine Seele Durst hat, kann sie zu ihm kommen und Erquickung finden. Wenn ich hungrig bin nach Liebe und Leben, will er mich satt machen. Der Kühlschrank wird niemals leer, er ist immer gefüllt mit den besten Sachen. Ein Leben lang gefüllt – für mich. Der Herr ist mein gefüllter Kühlschrank.

Der Herr ist mein zuverlässiges Navigationsgerät. Ich bin unterwegs auf der Straße des Lebens. Immer wieder verliere ich die Richtung. Ich frage die Leute, doch die wissen oft nicht Bescheid. Manche beschreiben mir auch einen falschen Weg. Wenn ich aber das Navigationsgerät benutze, zeigt es mir den besten Weg. Ich kann mich darauf verlassen. Der Herr ist mein zuverlässiges Navigationsgerät.

Der Herr ist meine Brücke. Meine Brücke über reißende Bäche, über hohe Schluchten. Meine Brücke über Täler. Er ist meine Brücke. Auf ihr bin ich sicher. Sie hält und trägt mich gerade in den Übergangszeiten meines Lebens und in Krisen. Er hilft mir, die Vergangenheit hinter mir zu lassen und neue Schritte in die Zukunft zu wagen. Ich brauche nur den Mut, mich dieser Brücke immer wieder anzuvertrauen. Der Herr ist meine Brücke.

Der Herr ist mein Bergführer. Ein langer, steiler Weg liegt noch vor mir. Dieser Weg, er wird kein leichter sein. Schmale Pfade, Steigungen und Hindernisse warten. Aber ich will zum Gipfel. Der Bergführer kennt den Weg. Er bringt mich sicher dorthin. Auf ihn ist Verlass. Wenn ich mich ihm anvertraue, werde ich ans Ziel kommen. Dann werde ich aus vollem Herzen jubeln, weil ich es geschafft habe. Der Herr ist mein Bergführer.

Der Herr ist mein bester Chef, der immer Arbeit für mich hat, der es gut meint mit mir und der mir die beste Bezahlung bietet. In seiner Firma kann ich ein Leben lang bleiben. Ich kann in verschiedenen Abteilungen arbeiten. Ich brauche keine Entlassung zu fürchten. Wenn ich mal krank bin oder keine Kraft mehr habe – kein Problem. Er hat Verständnis. Wenn mir eine Arbeit zu schwer ist, dann kann er mir jemanden schicken, der mir hilft. Der Herr ist mein bester Chef.

Der Herr ist meine Sonne. Wenn es kalt ist, kann ich mich bei ihm wärmen. Wenn ich einsam bin, dann will er in meiner Nähe sein, mich trösten und aufmuntern. Er will mich zum Lachen bringen. Er will, dass ich glücklich werde. Sein Licht erhellt meinen Tag, mein Leben, meine Ewigkeit. Der Herr ist meine Sonne.

PSALM 24,1

Die Erde ist des Herrn und was darinnen ist, der Erdkreis und die darauf wohnen.

PSALM 25,17

Die Angst meines Herzens ist groß; führe mich aus meinen Nöten!

Herausgeführt

Manchmal wird uns gesagt, dass wir als Christen keine großen Probleme haben sollten oder dass, wenn wir sie doch haben, sie schnell behoben werden könnten. Auch über Krankheiten hätten wir eigentlich immer den Sieg. Wenn wir nur genug Glauben hätten, würde es schnell besser, und wir würden geheilt werden.

Demgegenüber lesen wir aber gerade auch in den Psalmen von echter Not und echtem Leid, und es hat nicht den Anschein, als würden sich diese Situationen immer schnell auflösen. Der Psalmbeter sagt uns hier, dass ich Gott ganz ehrlich meine Not bekennen und hinlegen kann. Das ist oft etwas, das uns nicht so leichtfällt. Es fällt uns nicht leicht vor Gott und es fällt uns auch nicht leicht vor Menschen, unsere Not und Hilfsbedürftigkeit zuzugeben. Gerade in der Öffentlichkeit versuchen wir gerne, unser Gesicht zu wahren, und geben nicht ehrlich zu, was uns wirklich beschwert und bedrückt.

Doch wie wohltuend ist es, wenn wir vertrauensvollen Menschen gegenüber sagen können: „Da habe ich Probleme, da bin ich in Not, da sehne ich mich nach Hilfe und einer guten Lösung." Und noch besser ist es, wenn wir es Gott sagen, der versprochen hat, dass er für uns sorgen wird. Und nein, es muss nicht immer alles gleich passieren. In den biblischen Berichten erfahren wir: Josef wurde lange Zeit im Gefängnis vergessen, und David wurde viele Jahre von König Saul verfolgt, bevor sich die Verheißung Gottes erfüllte und er zum König Israels gekrönt wurde. Das Wort *„führe mich aus meinen Nöten"* deutet ja geradezu darauf hin, dass es nicht unbedingt mit einem Schlag geht, sondern dass das Herauskommen aus Nöten meist einem Prozess unterworfen ist.

In den 80er-Jahren des letzten Jahrhunderts erlebte ich eine schlimme Phase: Nervenzusammenbruch, Depression, Klinikaufenthalt. Wir mussten unseren erst zwei Jahre zuvor begonnenen

Missionsdienst in Japan plötzlich aufgeben. Viele Medikamente und Therapien wurden bei mir eingesetzt, brachten aber keinen schnellen Erfolg. Letztlich halfen mir kleine Tätigkeiten, Spaziergänge, die Liebe, Hingabe und das Verständnis meiner Frau und das Gebet vieler Geschwister. Erst nach gut zwei Jahren spürte ich wieder festen Boden unter den Füßen. Ich hatte mich soweit stabilisiert, dass wir tatsächlich wieder an eine Fortsetzung der Missionstätigkeit in Japan denken konnten. Es dauerte noch ein weiteres Jahr, bis unsere erneute Ausreise nach Japan erfolgte.

Ja, Gott hat mich in einem längeren Prozess aus einer großen Not herausgeführt. Doch am Ende hielten meine Psyche und mein Nervenkostüm allen Prüfungen stand, und die negative Prophezeiung, auch von ärztlicher Seite, dass ich für mein Leben lang geschädigt sei, erfüllte sich, Gott sei wirklich Dank, nicht. Im Gegenteil, bis heute darf ich Dienste tun, und meine Nerven sind gut eingebettet in Gottes gnädiger Hand.

PSALM 26,12

Ich will den Herrn loben in den Versammlungen.

Lob- und Dankstunden

Es ist schön, dass wir so viele Möglichkeiten haben, uns zu versammeln, sei es im Gottesdienst, in Hauskreisen, in Bibelstunden, bei Glaubenskursen oder großen übergemeindlichen Treffen. Doch wozu nutzen wir unsere Zusammenkünfte? John Stott hat unser Versammlungschristsein einmal mit Tieren verglichen, die schnell von einem Schutzloch ins andere kriechen und sich dort einfach nur wohlfühlen und schützen wollen.

Ganz anders sieht der Psalmbeter die Versammlungen. Er möchte sich beteiligen, ja, er will seinen Herrn loben in der Versammlung – ganz öffentlich, vor allen anderen. Zur Ehre Gottes, und damit auch andere Mut und Zuversicht gewinnen und sich Gott anvertrauen.

Neben dem, dass wir Gott im Lied und Gebet loben, gibt es auch noch die Möglichkeit, dass wir Gott loben, indem wir ganz persönlich werden und von dem erzählen, wie er unser Gebet erhört und wie er uns durchgeholfen hat.

Ich erinnere mich noch gerne an Samstagabendstunden im Theologischen Seminar in Adelshofen in den 70er-Jahren. Dort gab es zum Wochenschluss immer eine Lob- und Dankstunde. Neben Singen und Beten konnte jeder auch einen kurzen aktuellen Beitrag geben und berichten, wie Gott ihm in der vergangenen Woche durchgeholfen und ihn ermutigt hatte. Das war immer erfrischend und erhebend und pflanzte verstärkt den Wunsch ins Herz, selbst noch mehr mit Jesus im Alltag erleben zu wollen.

Ja, es stimmt, in den letzten Jahren haben wir es geschafft, dass in vielen Gemeinden mehr Lob erklingt. Vor allem durch viele neue Lob- und Anbetungslieder. Aber werden auch mehr persönliche Berichte in unseren Versammlungen laut? Oder Zeugnisse, bei denen Menschen ganz konkret zum Lob Gottes aus ihrem Alltagserleben berichten? Wie wäre es, wenn wir uns mit diesem *„Ich will den Herrn loben in den Versammlungen"* noch intensiver beschäftigen würden? Wie wäre es, wenn noch mehr Raum entstehen würde für persönliche Beiträge zum Lob Gottes? Unsere Versammlungen würden sicher auch für suchende und fragende Menschen ansprechender werden, wenn dies geschehen könnte. Dabei kann auch das zur Sprache kommen, was uns misslungen ist und wo wir trotzdem gewiss sind, dass Gott uns alles zum Besten dienen lässt. Zur Ermutigung und Stärkung und nicht zuletzt, um Gott selbst die Ehre zu geben.

PSALM 27,7

Höre, Herr, mit meiner Stimme rufe ich: sei mir gnädig und erhöre mich! (ELB)

Gnade suchen

In unseren Gemeinden hat es oft den Anschein, dass wir vieles auch ohne Gott und Glauben schaffen können. Denn wir sind ja gebildet, sind vielfach auch wohlhabend und haben gute Leute um uns herum, die uns mit Rat und Tat zur Seite stehen. Und ehrlich gesagt, mehr als die Gnade Gottes suchen wir doch oft die Gnade bei Menschen. Menschen, die uns zustimmen, die mit uns anpacken und uns finanziell unterstützen. Das ist auch nicht verkehrt, und doch müssen wir uns fragen: „Ja, brauchen wir noch die Gnade des Herrn?" Dabei schlummert in uns auch das Gefühl: „Ach, die Gnade ist ja sowieso da. Um die brauche ich doch gar nicht mehr zu bitten." Doch wie hat es der Psalmbeter gemeint, wenn er betet: *„Herr, sei mir gnädig und erhöre mich"*? Im weiteren Wortlaut des Psalms ist davon die Rede, dass er das Antlitz Gottes zu sehen begehrt. *„Verbirg dein Antlitz nicht vor mir"* (Vers 9), betet er ganz konkret. *„Du bist meine Hilfe"*, fügt er noch hinzu. Ja, wir können vieles selbst tun durch die Gnade der Menschen und aus unserer eigenen Kraft. Aber wenn wir uns nicht mehr nach der Gnade Gottes ausstrecken, dann fehlt unserem Tun die heilende Qualität und die umfassende Hilfe, die uns nur Gott schenken kann.

Ich habe es mir angewöhnt, immer wieder auch zu beten: „Herr, gib mir Gnade in dieser oder jener Angelegenheit." Genau aus diesem Grund, damit das Ganze eine göttliche Qualität bekommt und zu einer umfassenderen Hilfe wird. Wie gut, wenn wir unsere Anliegen, ob klein oder groß, der Gnade Gottes anbefehlen und nicht nur versuchen, alles mit menschlichen Mitteln und mit menschlicher Gnade zu bewältigen. Dem Psalmbeter jedenfalls war es ein sehr dringendes Anliegen, dass Gott ihm ganz persönlich gnädig ist und dass er auf sein Gebet antwortet mit seiner heilenden und umfassenden Hilfe.

PSALM 28,7

Der Herr ist meine Stärke und mein Schild; auf ihn traut mein Herz, und mir ist geholfen.

Seine Stärke zählt

Oft bewundern wir Menschen, die mit einer gewissen Selbstsicherheit und Stärke auftreten und ihre Sachen an den Mann bringen. Doch dieses Auftreten ist nicht unbedingt ein Kennzeichen lebendigen Christseins. Denn ein lebendiges Christsein zeigt sich gerade auch darin, dass wir um eine Stärke wissen, die nicht in uns begründet liegt. Ja, noch mehr, dass wir diese Stärke begehren und von dieser Stärke her leben. Eine Stärke, die in Gott, dem Schöpfer und Herrn unseres Lebens, zu finden ist.

Und deshalb dürfen wir auch schwach sein, deshalb darf es auch Zeiten geben, in denen wir Hilflosigkeit verspüren. Nein, wir müssen nicht immer stark und selbstbewusst auftreten. Denn letztlich leben wir auch nicht von dem Schutz, den wir uns selbst kaufen oder selbst herstellen können und auf den wir stolz sind. Sondern wir leben vom Schutz Gottes. Und das gilt gerade auch dort, wo wir uns schutzlos vorkommen und schutzlos Menschen, Naturgewalten und anderen Kräften ausgeliefert sind. Gerade dort dürfen wir dieses Wort aus Psalm 28 für uns ganz persönlich nehmen. Und da, wo ich mich mit hoffnungsvollem Vertrauen an den Herrn wende und ihn bitte, mir Schutz und Stärke zu sein, da ist schon der erste wichtige Schritt geschehen, damit ich Hilfe erfahre. Denn dann kann ich getrost werden, kann Gelassenheit finden und zur Ruhe kommen.

Ja, und so ist die Hilfe Gottes in der Regel für uns gedacht. Die erste Hilfe gilt immer uns selbst, unserem inneren Menschen.

Und die zweite Hilfe zeigt sich dann darin, dass sich Probleme in Lösungen verwandeln und Umstände sich zum Guten verändern.

Gerade im Alter, wenn die Kräfte nachlassen und der Schutz, den man sich selbst geben kann, nicht mehr so gewährt ist, dürfen wir uns mit Hoffnung und Zuversicht an die Stärke und den Schutz wenden, die Gott immer für uns bereithält. Und ganz oft tut er es auch, ohne dass wir ihn konkret darum gebeten haben. Denn das Wohl seiner Kinder liegt dem Vater im Himmel am Herzen.

PSALM 29,11

Der Herr wird sein Volk segnen mit Frieden.

Eine Person des Friedens

Schon im Alten Testament wird der kommende Messias Friedefürst genannt. Und als Jesus geborgen wurde, da verkünden die Engel: *„Friede auf Erden“* (Lukas 2,14). Und es wird schnell klar: Dieser Friede auf Erden kommt durch Jesus zustande. Paulus unterstreicht das, wenn er schreibt: *„Er ist unser Friede“* (Epheser 2,14).

Ein Zeichen des Friedens

„Er ist unser Friede.“ Dafür ist das Kreuz das sichtbare Zeichen. Der Reine stirbt für die Sünder. Der Gerechte für die Ungerechten, um sie zu erlösen, zu befreien, so wie Gott damals das Volk Israel aus der Sklaverei in Ägypten befreite. Durch das Kreuz will Gott seine Menschen wieder zurückführen in ein neues Land, ins Paradies. Genau darum ringt Jesus in Gethsemane. Die Balken des Kreuzes symbolisieren den Frieden Gottes zu uns Menschen und gleichzeitig den Frieden nach allen Seiten hin unter den Menschen – durch Jesus.

Die Kraft des Friedens

Das Blut Jesu ist die Kraft der Vergebung, der Versöhnung und des Friedens. Früher haben wir es uns in diesem Lied zugesungen: „Es ist Kraft, Kraft, wunderbare Kraft in dem Blut des Lammes allein.“ Ja, seine Blutskraft reinigt uns von der Feindschaft und von der Macht des Bösen. Seine Blutskraft stiftet Vergebung und Versöhnung.

Botschaft des Friedens

Das Evangelium ist die Botschaft des Friedens. In seinen Worten, Beispielen, Geschichten und durch sein Handeln macht Jesus klar: Es geht darum, dass der Sünder heil wird und in eine neue, persönliche Beziehung zu Gott tritt. Viele biblische Personen durften dies erleben. Vor allem dort, wo Jesus ihnen zusprach: *„Dir sind deine Sünden vergeben."* Und Paulus weist die Gemeinde darauf hin, dass wir Botschafter an Christi statt sind und aller Welt zurufen können: *„Lasst euch versöhnen mit Gott"* (2. Korinther 5,20).

Friedliche Zukunft

In unserem Leben geht es immer um unsere Gegenwart und um unsere Zukunft. In der Völkerwelt hier auf Erden wird es nie zu einem vollkommenen Weltfrieden kommen. Doch Jesus hat es uns für die Zukunft versprochen: Sein Reich wird ein Reich des vollkommenen Friedens sein. Wo, wann und wie sich das alles abspielen wird, das ist uns zum großen Teil verborgen. Entscheidend ist, ob wir dazugehören oder nicht. Zum jüdischen Volk hat Jesus gesagt: *„Viele werden kommen von Osten und von Westen und mit Abraham ... im Himmelreich zu Tisch sitzen"* (Matthäus 8,11). Zu seinen Jüngern sagte er: *„Ich bereite euch Wohnungen im Himmel"* (nach Johannes 14,2). Welch ein Ausblick! Welch eine Zukunft!

PSALM 30,12

Du hast mir meine Klage verwandelt in einen Reigen.

PSALM 31,6

In deine Hände befehle ich meinen Geist.

Letzte Worte

Ist es nicht tröstlich zu wissen, dass Jesus sich in seiner letzten Stunde auf Verse des Alten Testamentes stützte und uns diese Worte am Kreuz hinterließ? Zum einen das Wort aus Psalm 22, Vers 2, als er ausrief: *„Mein Gott, mein Gott, warum hast du mich verlassen?"* Und zum anderen dieses Wort aus Psalm 31,6: *„In deine Hände befehle ich meinen Geist."* Ist das nicht auch ein Hinweis, dass wir in den großen Krisen unseres Lebens keine eigenen Worte finden müssen, sondern Worte aus der Schrift als unsere eigenen Worte übernehmen können? Wir erinnern uns auch an die Versuchung Jesu, wo er dem Versucher mit biblischen Worten widerstand.

„In deine Hände befehle ich meinen Geist", rief auch Stephanus, als er gesteinigt wurde. Doch während Jesus am Kreuz zum Vater betete, war für Stephanus Jesus der himmlische Adressat. Soweit ich weiß, ist es das einzige uns im NT überlieferte Gebet, das direkt zu Jesus gebetet wurde: *„Herr Jesus, nimm meinen Geist auf"* (Apostelgeschichte 7,59).So betete Stephanus, als er gesteinigt wurde, und wir erfahren, dass er zuvor Jesus zur Rechten Gottes erhöht gesehen hatte. Deshalb war ihm klar, an wen er sich in seiner schwersten und letzten Stunde wenden konnte. Ja, und auch ich darf mir diesen Satz merken und will ihn für meine letzte Stunde gerne übernehmen, wenn es mir denn geschenkt wird, bewusst Abschied nehmen zu können von dieser Welt: *„Herr Jesus, nimm meinen Geist auf."*

PSALM 32,1.2.10

Wohl dem, dem die Übertretungen vergeben sind, dem die Sünde bedeckt ist! Wohl dem Menschen, dem der Herr die Schuld nicht zurechnet, in dessen Geist kein Falsch ist! Der Gottlose hat viel Plage; wer aber auf den HERRN hofft, den wird die Güte umfangen.

Vergebung

König David, ein Mann nach dem Herzen Gottes, hatte gesündigt; er hatte sich etwas genommen, was ihm nicht zustand. Man sollte meinen, er als König hätte doch schon alles gehabt, wovon ein Mensch träumt. Was war passiert? Wir lesen die Geschichte in der Bibel in 2. Samuel 11.

David ließ seine Soldaten in den Krieg ausrücken gegen die Ammoniter. Er selbst blieb in Jerusalem – zur falschen Zeit am falschen Ort?! „Müßiggang ist aller Laster Anfang", sagt ein Sprichwort. Während seine Männer kämpfen, geht er spazieren und sieht Batseba, die schöne Frau Urias, eines seiner Soldaten. David kannte das Gebot Gottes: Du sollst nicht ehebrechen – du sollst nicht begehren die Frau deines Nächsten. Doch er sieht ..., sieht nicht weg, begehrt und gibt seinem Verlangen nach. Er lässt Batseba holen, um sich mit ihr zu vergnügen. Ein One-Night-Stand – mit der Folge, dass Batseba schwanger wird. Er lässt ihren Mann holen, damit es so aussehen soll, als wäre es Urias Kind, aber Uria geht aus Solidarität mit seinen Kameraden im Krieg nicht in sein Haus. David sorgt dafür, dass man ihn bei der Rückkehr im Kampf an die Front stellt, wo er dann ums Leben kommt. Nach der Trauerzeit nimmt David Batseba zur Frau.

David wird zum Ehebrecher und zum Mörder. Er weigert sich fast ein Jahr lang, seine Sünde anzuerkennen. Aber bis in seine körperliche Verfassung hinein spürt er ihre Auswirkungen. Er leidet körperlich, seelisch (Vers 3) und geistlich; er spürt, dass Gott gegen ihn ist, und fühlt sich kraftlos, wie in einer Wüste. Sein Gewissen lässt ihn nicht zur Ruhe kommen, was für ihn spricht. Doch weil die Hand Gottes Tag und Nacht auf ihm lastet (Vers 4), kommt er zur Besinnung und bekennt seine Schuld. Auch die „schwere Hand Gottes" ist ein Zeichen seiner Güte, die uns zur Umkehr bewegen will. So viel wert sind wir Gott, dass er uns auch nach viel Versagen nicht laufen lässt, sondern sich wieder um uns müht.

Wenn wir unsere Sünden zugeben, hat Gott versprochen, dass er sie vergibt (1. Johannes 1,9).

Sünde erkennen – Sünde anerkennen – Sünde bekennen – das ist der Weg, um Vergebung zu bekommen. Gott lädt uns dazu ein. Er selbst hat für unsere Sünden bezahlt durch das Opfer seines Sohnes am Kreuz. Seine Zusage ist die Garantie dafür. Gottes Zorn muss nicht über unserem Leben stehen bleiben. Es ist die Befreiung zu einem frohen Christsein, wenn man einmal sein Leben rückhaltlos überdenkt und mit den Sünden der Vergangenheit und Gegenwart ins Licht Gottes kommt. Es kann sehr hilfreich sein, vor einer anderen Person seine Sünden zu bekennen, jemandem, der Gott kennt und dem wir vertrauen. Sünden, über die wir keinen Frieden finden, können in der Gegenwart eines Seelsorgers vor Gott gebracht werden. Keiner muss ein Gefangener seiner Sünden oder Schuldgefühle bleiben.

Gott hat uns kein einfaches Leben versprochen, aber er gibt uns gute Weisungen. Und er will uns mit seiner Güte beschenken. Die Vergebung und das Zudecken von Schuld sind Teile dieser Güte. Immer will er für uns sorgen und mit uns sein. Nur auf diesem Weg sind dauerhaft Glück und Freude zu finden.

BU

PSALM 33,4

**Denn des Herrn Wort ist wahrhaftig,
und was er zusagt, das hält er gewiss.**

PSALM 34,19

**Der Herr ist nahe denen,
die zerbrochenen Herzens sind, und hilft denen,
die ein zerschlagenes Gemüt haben.**

Heil für Herz und Gemüt

Unser Herz ist ein höchst wichtiges Organ. Es pumpt und pumpt und pumpt. 60- bis 80-mal schlägt unser wichtigster Muskel in der Minute und versorgt den Körper in dieser Zeit mit rund fünf Litern Blut. Wenn die Bibel jedoch von „Herz" spricht, ist damit unsere Persönlichkeit, unser Charakter, unsere innere Schaltzentrale gemeint. Beim Stichwort „gebrochenes Herz" stehen uns Menschen mit vielfältigen Problemen vor Augen: Liebeskummer, Scheidung, Beziehungskrisen, Glaubenskrisen, Hoffnungslosigkeit, Depression und Verzweiflung. Manchmal auch hervorgerufen durch eine lange Krankheitszeit oder den Verlust eines lieben Menschen. Ihnen allen will Gott nahekommen und heraushelfen.

Der Hintergrund dieses Psalms ist ein außergewöhnlicher. Als der designierte König David auf seiner Flucht vor Saul im Ausland aufgespürt wurde, stand sein Leben auf dem Spiel. Er geriet in große Furcht vor dem König von Gat. Darum stellte er sich wahnsinnig, tobte und ließ Speichel in seinen Bart laufen. Wir hören förmlich sein Herz pochen. Seine Lage war aussichtslos. Doch in seiner Verzweiflung betete er und suchte Zuflucht bei Gott. Und Gott half ihm auf wundersame Weise heraus. Denn aufgrund seines Auftretens wurde David wie ein Verrückter weggejagt, was seine Rettung bedeutete. In seinem neuen Versteck beschrieb er das Erlebte nicht einfach mit den Worten: „Glück gehabt!" Nein, er erkannte, dass Gott nahe gewesen war, pries und lobte ihn und schrieb dieses Geschehen zur Erinnerung in diesem Psalm auf.

Neben dem Herzen spricht der Psalmbeter auch vom zerschlagenen Gemüt. Ich erinnere mich an meine Bundeswehrzeit. Während eines Gepäckmarsches war mein linker Arm regnungslos geworden.

Die Nervenversorgung funktionierte nicht mehr. Er hing schlaff herunter, und alle meine Versuche, ihn zu mobilisieren, versagten. Dieser Zustand hielt über mehrere Wochen an. Mein Gemüt war niedergeschlagen. Wie sollte ich meinen Beruf als Kaufmann weiter ausüben? Und ich brauchte doch auch die fünf Finger meiner Hand zum Orgelspielen. Was wäre, wenn der Arm nicht mehr beweglich würde? Die anschließende Therapie dauerte sieben Wochen. Und dann erlebte ich es, dass der Herr mir aus dieser Not heraushalf.

Da ich Jahre später vollbeschäftigt kulturübergreifend im missionarischen Einsatz war, stießen wir als vierköpfige Familie einige Male an die Grenze unseres finanziellen Rahmens. Dann waren wir in unserem Gemüt niedergeschlagen. Hier und da kamen mir Gedanken wie: „Was ist, wenn jetzt die Waschmaschine kaputt geht? Einen neuen Scanner kann ich mir im Moment nicht leisten! Urlaub auf Balkonien kann zwar entspannend sein, doch wir sehnen uns nach Abstand zum Gewohnten!" Aber auch da half uns der Herr. Oft geschah es, dass zum richtigen Zeitpunkt ein Kuvert ohne Absender mit ein paar Geldscheinen bestückt in unserem Briefkasten landete. Oder es passierte, dass Freunde uns nach unserem akuten Bedarf fragten. Andere boten ihre Wohnung in Holland an, während sie selbst im Urlaub waren. Ja, Gott hat unser Gemüt immer wieder froh gemacht und unser Herz gestärkt. Er hat uns über viele Jahre treu versorgt.

Das sind für mich die Kernaussagen dieses Psalms:

- Ausweglos ist meine Lage.
- Betend rufe ich zu Gott.
- Christus, mein Herr, rettet mich.
- Dienen möchte ich ihm aus Dankbarkeit .

KT

PSALM 35,7.9

Denn ohne Grund haben sie mir ihr Netz gestellt, ohne Grund mir eine Grube gegraben. Aber meine Seele soll sich freuen des Herrn und fröhlich sein über seine Hilfe.

Ein indischer Christuszeuge

Als Jugendlicher beeindruckte mich das Leben des Inders Sundar Singh. Nachdem er zum Glauben gekommen war, erzählte er seinem Vater und seinen Verwandten, dass er von nun an Jesus nachfolgen wollte. Das ging allerdings gegen die Familienehre, und mit allen Mitteln der Kunst versuchte man ihn zu überreden, seinen Glauben an Christus zu widerrufen. Sogar seine verstorbene Mutter, die er zu Lebzeiten sehr verehrt hatte, wurde ins Spiel gebracht, und man sagte ihm, dass auch sie im Jenseits unendlich traurig sei über seine Glaubensentscheidung. Doch da erinnerte er sich an die Worte Jesu, die er auf der Missionsschule gehört hatte: *„Wer Vater oder Mutter mehr liebt als mich, der ist meiner nicht wert"* (Matthäus 10,37).

Als alle Versuche scheiterten, bemühte man noch einen sehr reichen Onkel. Dieser nahm den Jungen mit sich zu seinem prächtigen Wohnsitz und führte ihn in die Kellerräume. Dort öffnete er einen großen Geldschrank und zeigte ihm eine Fülle von Schätzen. Darunter waren Geldscheine, Juwelen, Gold und Silber. Gleichzeit bat der Onkel den Jungen, den Namen der Familie nicht länger zu schänden und dem Christenglauben wieder den Rücken zu kehren. Als großes Zeichen der Ergebenheit legte der Onkel seinen Turban zu Füßen des Jungen und sagte: „Dies alles soll eines Tages dir gehören, wenn du wieder zu dem Glauben deiner Familie zurückkehrst."

Als der Onkel diese Geste ausführte und diese Worte aussprach, war Sundar für einen Augenblick verwirrt. Doch im nächsten Moment spürte er die Nähe Christi und war sich ganz sicher, dass er ihm weiter nachfolgen wollte.

Jahre später dichtete er das Lied „Ich bin entschieden, zu folgen Jesus."

Der Vater griff nun zu noch strengeren Maßnahmen. Er erklärte dem Jungen, dass er nicht mehr zur Familie gehöre und für ihn jetzt ein Kastenloser geworden sei.

Eine Zeit lang suchte Sundar Singh Zuflucht bei Christen. Doch dort wurde er sehr enttäuscht, und so kehrte er in sein Elternhaus zurück. Die Familie dachte schon, er hätte sich wieder auf die hinduistische Tradition und Familienehre besonnen, doch dem war nicht so. Als Nächstes wollte man ihm den christlichen Glauben gestatten, wenn er ihn geheim halten würde. Doch darauf ließ er sich nicht ein. Als auch weitere Versuche nichts bewirkten, wurde er verflucht, enterbt und für tot betrachtet. Mit etwas Nahrung und ein wenig Geld wurde er schließlich aus dem Elternhaus gestoßen. Er fuhr mit der Bahn und kam zu einem Pfarrer, der ihn aufnahm. Kaum war er dort, erkrankte er schwer. Der Grund: Eine Süßspeise, die man ihm zum Abschied verabreicht hatte, war vergiftet gewesen. Sein Zustand war bedenklich. Ein Arzt wurde herbeigerufen. Er gab ihm Medizin, hatte aber keine Hoffnung mehr. Die ganze Nacht über beteten jedoch Christen für Sundar Singh. Am nächsten Morgen kam der Arzt, um die Beerdigung vorzubereiten. Doch er fand einen jungen Mann, der auf dem Weg der Besserung war und ihn freudig anschaute.

Nachdem er wieder genesen war, war er als Wanderprediger in Indien, Tibet und Nepal unterwegs und legte fröhlich Zeugnis von seinem Glauben ab. Er durfte auch erleben, dass sein Vater später zu dem Glauben fand, den er einst bekämpft hatte. Ja, all die Fallen und Netze, die ihm gestellt worden waren, hatte er im Namen Jesu überwinden können und die Hilfe des Herrn erfahren, so wie es auch der Psalmbeter schon vor ihm erfahren hatte.[2]

2 Nacherzählt aus dem Buch „Sadhu Sundar Singh" von Alfred Stucki, erschienen 1959 im Heinrich Majer Verlag Basel

PSALM 36,10

Denn bei dir ist die Quelle des Lebens.

Beste Quelle

Der dänische Theologe Kierkegaard sagte: „Gott ist eine Quelle, die selber den Dürstenden sucht." Ja, und das ist unser Glück. Gott sucht uns und findet uns an Plätzen, die uns nicht das lebendige Wasser geben können. Gleichzeitig aber sagt er auch: *„Kommt her zu mir"* (Jesaja 55,3; Matthäus 11,28). Und oft passiert es deshalb, dass wir uns sozusagen auf halbem Weg begegnen. Dann ist Gott eine Wegstrecke gegangen, um den Durstigen zu suchen – und der Durstige selbst hat sich auch auf die Suche gemacht.

So wie es in der Geschichte vom verlorenen Sohn in Lukas 15 zu lesen ist. Der von zu Hause weggelaufene Sohn macht sich trotz mancher Bedenken schließlich doch auf den Weg zurück nach Hause. Er kehrt um, weil er weiß: Die beste Quelle ist im Vaterhaus. Doch auch der Vater sucht seinen Sohn und läuft ihm entgegen. Ja, es stimmt, Gott ist eine Quelle, die den Dürstenden selber sucht. Und gleichzeitig sagt er in seinem Wort: *„Suchet mich, so werdet ihr leben"* (Amos 5,4).

Eine Quelle ist ja dazu da, dass wir unseren Durst stillen. Aber immer wieder ertappen wir uns bei dem Versuch, dass wir selbst die Quelle unseres Glücks sein wollen.

Wenn wir ehrlich zu uns selbst sind, dann merken wir schnell, dass in uns nicht die immer fließende Quelle ist. Aber das ist ja auch gar nicht nötig. Der Psalmbeter hat entdeckt, dass diese Quelle bei seinem Schöpfer-Gott und Herrn des Lebens ist. Und auch andere Psalmbeter in der Bibel haben eine klare Vorstellung, wonach ihnen dürstet. In Psalm 42,3 lesen wir: *„Meine Seele dürstet nach Gott, nach dem lebendigen Gott."* Aber bis ein Mensch zu der Erkenntnis kommt, dass Gott allein den Durst zu stillen vermag, ist es oft ein langer Weg.

Manche Menschen stillen nämlich ihren Lebensdurst mit vielen billigen Ersatz-Durstlöschern. Dazu gehören vor allem Dinge, die man besitzen und konsumieren kann. Sie kennen nichts anderes und wissen auch nicht, dass ihr Lebensdurst an ganz anderer Stelle besser gestillt wird. Es ist wie bei Menschen, die nie richtig gutes Essen bekommen, aber irgendwie satt werden und halbwegs zufrieden sind. Sie kennen es nicht anders. Wenn sie dann aber einmal eingeladen sind und ein richtig tolles Essen geschmeckt haben, dann erst merken sie, was ihnen bisher gefehlt hat. Auf der Hochzeit zu Kana, als Jesus Wasser in Wein verwandelte, merkte jedermann, dass auf einmal ein qualitativ hochwertigerer Wein aufgetischt wurde. Ein deutliches Zeichen dafür, dass Jesus für Lebensqualität und Lebenserfüllung zuständig ist. Übertragen bedeutet dies: Wenn jemand irgendwie spürt, dass Jesus ihm guttut, dass ein Leben mit ihm in die Freiheit und Erfüllung führt, dann bekommt er Durst nach mehr, nach einem anderen Leben. Dann ist er auch bereit, die Ersatz-Durstlöscher auf die Seite zu stellen.

Vor ein paar Jahren blieben wir mit unserem Auto auf der Autobahn liegen. Wir erreichten gerade noch einen kleinen Parkplatz. Schnell war mir klar, dass wohl der Sprit ausgegangen war und ich die Warnung der Tanknadel übersehen hatte. Ich rief den ADAC an, und nach einer Stunde Wartezeit kam ein freundlicher ADAC-Mitarbeiter. Schnell füllte er ein paar Liter Diesel ein, ich trat ein paarmal aufs Gas, und dann sprang die alte Kiste wieder an. Wir fuhren zur nächsten Tankstelle und tankten voll. Weiter ging die Fahrt nach Hause. Ja, was hätte es genützt, dem Auto Wasser oder Bier oder Wein einzufüllen, also irgendeine Flüssigkeit? Nein, es musste Dieselkraftstoff sein. Das lag in der Bauweise des Fahrzeugs begründet.

Und so müssen wir Menschen erst einmal dahinterkommen, was wir wirklich brauchen. Wir müssen erkennen, wie und wodurch unsere tiefsten Sehnsüchte gestillt werden, unsere Sehnsüchte nach Liebe, Geborgenheit, Anerkennung, Heimat, Trost, Barmherzigkeit, Rat, Lösungen, Stärke, Weisheit, Echtheit, einem guten Gewissen, Gemeinschaft ...

Der Psalmbeter lädt dich und mich ein, für all diese Sehnsuchtspunkte die beste und hochwertigste Lebensquelle zu suchen und zu finden. Gott selbst hat es in seinem Wort gesagt, dass er diese Quelle für uns ist. Er will dafür sorgen, dass wir Lebensqualität, Lebensfreude und Lebenserfüllung bei ihm finden.

PSALM 37,23

**Von dem Herrn kommt es,
wenn eines Mannes Schritte fest werden,
und er hat Gefallen an seinem Wege.**

Feste Schritte

Es ist ein Kennzeichen unserer Zeit, dass Menschen verunsichert sind. Statt mit Überzeugung mutig Schritte zu tun, sind da viele Bedenklichkeiten. Nein, es ist nicht immer einfach, zu guten Entscheidungen zu kommen. Das Leben ist komplizierter geworden. Wir sind schnell irritiert. – Wie gut: Gott will uns helfen, dass wir unseres Weges gewiss sein können. Eine andere Übersetzung formuliert: *„Wenn ein Mensch seinen Weg zielstrebig gehen kann, dann verdankt er das dem Herrn"* (HFA).

Das erinnert mich an meinen Konfirmationsspruch: *„Es ist ein köstlich Ding, dass das Herz fest werde, welches geschieht durch Gnade"* (Hebräer 13,9). Mehr als mir bewusst ist, werde ich in meinen Entscheidungen von meinem Herzen gesteuert. Das ist die eigentliche Schaltzentrale meines Handelns. Und da entdecke ich bei mir, wie Eifersucht, Rechthaberei, Stolz und Egoismus meine Schritte beeinflussen wollen. Da merke ich, wie nötig ich Gnade von Gott brauche, damit ich zielgerichtet nach vorne schauen kann. Kann es sein, dass unsere Schritte unsicher sind, weil wir das Ziel aus den Augen verloren haben?

Bereits in einem der ersten Verse dieses Psalms werden wir ermutigt: *„Befiehl dem Herrn deine Wege, hoffe auf ihn, er wird's wohl machen"* (Vers 5). Damit kommt das ganze Leben unter die Führung Gottes, wo man lernt, auf ihn zu hören, auf ihn zu warten (Vers 7) und dann auch mit ihm zu handeln.

Sehr konkret habe ich das als junger Mann erlebt. Ich wusste um die Berufung, in eine Kommunität, also eine ordensähnliche evangelische Gemeinschaft, einzutreten. Das hieß, auf ein eigenständiges Leben, ein sicheres Einkommen und die Ehe zu verzichten. Das brauchte einen ganz radikalen Entschluss. Ein Bibelwort war der direkte Anruf Gottes für mich, sodass ich dann auch feste Schritte tun konnte. Ich habe es nie bereut.

Ich finde es wunderbar, dass wir Gott-geführte Leute sein dürfen. – Und erstaunlich der zweite Teil unseres Verses (23b): Gott freut sich an seinen Kindern. Im engen Kontakt mit ihm kann ich meinen Weg festen Schrittes gehen.

LP

PSALM 38,23

Eile, mir beizustehen, Herr, meine Hilfe.

Eilige Angelegenheiten

Als ich wegen eines Nervenzusammenbruchs in der Klinik war, geriet ich in eine längere stark depressive Phase. Ich konnte eigentlich nicht mehr beten und auch nicht mehr die Bibel lesen. Ab und zu ging mir noch ein Lied durch den Kopf. Meine Gedanken aber waren gefangen. Eines Tages muss ich dann wohl doch zur Bibel gegriffen haben, und da las ich dieses Psalmwort: *„Eile, mir beizustehen, Herr, meine Hilfe."* Dabei merkte ich: „Ja, so darf ich jetzt seufzen oder beten, denn es ist Eile geboten. Meine Familie braucht mich, und ich will nicht länger in diesem dunklen Zustand verharren." Obwohl es dann noch eine ganze Zeit dauerte, bis sich echte Besserung einstellte, ist mir seitdem dieses Bibelwort wichtig. Nicht nur damals, auch jetzt darf ich hin und wieder Gott darum bitten, mir schnell zur Hilfe zu kommen. So wie auch die Rettungsdienste in aller Welt schnell zu Hilfe eilen, wenn sie gerufen werden.

Auch als ich überraschend arbeitslos wurde, sehnte ich mich nach schneller Hilfe. Auf das Arbeitsamt zu gehen und staatliche Hilfeleistung in Anspruch zu nehmen war mir fremd. Innerlich seufzte und betete ich um Gottes schnelles Eingreifen. Ich setzte einiges in Bewegung, doch erst der Rat eines Pfarrers im Ruhestand brachte mich auf den Weg, auf dem sich später eine wunderbare Tür öffnete und mir eine Arbeitsstelle bescherte, die ich bis zum Ruhestand innehaben konnte.

Ja, es ist gut zu wissen, dass wir bitten dürfen: *„Herr, eile, mir zu helfen."* Wenngleich Gottes Zeitplan meist anders aussieht als unser Zeitplan, so zeigt es sich doch immer wieder, dass er uns hört und uns eine gute Lösung schenkt.

PSALM 39,5

**Herr, lehre doch mich,
dass es ein Ende mit mir haben muss
und mein Leben ein Ziel hat und ich davon muss.**

Lebensziel

Ich sitze im Konzertsaal und höre „Ein deutsches Requiem" von Johannes Brahms. Der Dirigent hat es geschafft, diese Musik wieder mit Leben zu füllen, das Orchester spielt hervorragend, und sogar der Chor singt so deutlich, dass ich den Text verstehe. Aber ich frage mich, ob ein Konzertsaal für dieses Werk der richtige Ort ist. Ein Requiem ist schließlich eine Messe für einen Verstorbenen. Und in älteren Requiem-Vertonungen war auch der Text auf den Verstorbenen ausgerichtet. Der Text war lateinisch, und der Inhalt zeigte auf das drohende Gericht. Bei Brahms dagegen ist der Text auf Deutsch, und wenn der Chor, wie in meinem Fall, deutlich singt, wird schon im ersten Satz deutlich, dass dieses Werk für die Hinterbliebenen gedacht ist. Die da „Leid tragen", sollen getröstet werden. Aber im Publikum um mich herum sehen die Wenigsten auf den ersten Blick so aus, als ob sie schweres Leid tragen. Vielleicht passt hier also weder der Ort noch der Anlass, denn wer beschäftigt sich schon gerne mit dem Tod, wenn er ins Konzerthaus geht?

Die beiden ersten Sätze sind vorbei, und der erste Solist tritt auf und singt:

„Herr, lehre doch mich,
dass es ein Ende mit mir haben muss
und mein Leben ein Ziel hat
und ich davon muss."

Jetzt wird es persönlich. Anders als in den beiden Sätzen davor geht es jetzt um eine Einzelperson. Brahms verdeutlicht das dadurch, dass nun nicht mehr der Chor die Leidtragenden anspricht, sondern ein einzelner Sänger mit Gott spricht – zu Gott singt.

Die Musik verschwindet für einen Augenblick hinter meinen Gedanken zu diesem Bibelvers: Mir ist bewusst, dass mein Gastspiel auf der Erde begrenzt ist, aber lebe ich auch so? Welches Ziel ist gemeint? In den Himmel zu kommen; auf der Erde ein fehlerfreies Leben zu führen; ist es die Einhaltung der Zehn Gebote und/oder die Einhaltung vom Doppelgebot der Liebe; ein Teil von Gottes Familie zu werden; meine Beziehung zu Gott zu verbessern (denn anscheinend ist mein Glaube noch kleiner als ein Senfkorn, denn wenn es anders wäre, könnte ich Berge versetzen und das hat bis jetzt noch nicht funktioniert – vgl. Matthäus 17,20 und Lukas 17,6)? Diese Frage ist nicht leicht zu beantworten, falls es überhaupt eine eindeutige Lösung gibt. Aber solange mir das Ziel nicht klar ist, wird es auch schwer sein herauszufinden, wie ich es erreichen kann. Selbst wenn mit dem Begriff „Ziel" vielleicht nur der Moment gemeint ist, an dem mein Leben auf dieser Welt beendet sein wird, so stelle ich mir doch die Frage, wie ich mit dem Vers, den ich gerade vom Solisten gehört habe, umgehen soll und was er für mich bedeutet ...

Ich habe seit meiner Studienzeit ein Frühstücksbrettchen, auf dem steht: „Was mache ich hier eigentlich?" Wenn uns das Ziel unseres Lebens klar ist, brauchen wir uns diese Frage nicht mehr zu stellen. Dann ist die Frage auf meinem Frühstücksbrettchen nur noch eine Erinnerung für uns, damit wir gleich in der Frühe damit beginnen, das Richtige zu tun. Weiß ich, was das Ziel ist oder noch nicht?

Nach Antworten suchend schaue ich durch den Raum. Wie ist es mit den anderen Menschen? Was bedeutet der Vers wohl für sie? Machen sie sich überhaupt Gedanken darüber? Wie sieht das Ziel wohl für einen Nichtchristen aus? Und wie hat das Ziel wohl für den Verfasser dieses Psalms ausgesehen?

Ich höre weiter der Musik zu und frage mich, ob Brahms in die Musik eine Antwort eingebaut hat. Zweifellos ist das große Musik, doch klare Worte für meine entstandenen Fragen finde ich dort nicht. Zumindest keine, die mich von allen Zweifeln befreien. Für mich ist jedoch die Hoffnung darin begründet, dass mein Leben Gott gehört und er letztlich meine Fragen und Zweifel in Antworten verwandeln kann.

LJ

PSALM 40,9

Deinen Willen, mein Gott, tue ich gern, und dein Gesetz hab ich in meinem Herzen.

Gottes Wohlgefallen

Dem König David wird ein prophetischer Weitblick geschenkt: Er sieht jemanden kommen, von dem in den Heiligen Schriften geschrieben ist, dessen Ohren geöffnet sind und der von sich sagt: *„Deinen Willen, mein Gott, tue ich gern."*

„Wow", denke ich, „so sieht echte Frömmigkeit, echter Glaube aus!" Das hebräische Wort für Willen kann auch mit Wohlgefallen übersetzt werden: *„Gern lebe ich, mein Gott, nach deinem Wohlgefallen, denn"*, so fährt David fort, *„ich trage dein Gesetz in meinem Herzen."*

Hier gehen alte Verheißungen über den Neuen Bund in Erfüllung: *„Ich will mein Gesetz in ihr Herz geben und in ihren Sinn schreiben"* (Jeremia 31,33). Wenn der Heilige Geist in unseren Herzen wohnt, werden sie empfindsam für das, was Gott wohlgefällig ist. Wir tun gern das, womit wir Gott eine Freude machen können.

Eines ist für diese Erfahrung nötig: Gott muss zu meinem Gott geworden sein. Und dazu hilft uns Jesus. Denn er ist der Kommende, von dem David hier spricht. Seine Ohren waren aufgetan. Lange zuvor hatten die Heiligen Schriften auf sein Kommen hingewiesen. Er stand als geliebter Sohn unter dem Wohlgefallen Gottes. Und – Wunder über Wunder – wer sich zu Jesus hält, bekommt Anteil am Wohlgefallen Gottes! Und da uns Jesus durch sein Leiden und Sterben Anteil an seiner Gerechtigkeit gibt, kann der Heilige Geist in uns Wohnung nehmen. Und alles beginnt, wenn wir wie Thomas vor Jesus bekennen: *„Mein Herr und mein Gott!“* (Johannes 20,28).

Und noch etwas anderes geschieht, wenn Jesus mein Herr und mein Gott geworden ist: Wir entdecken, dass in der Bibel auch von uns geschrieben ist. Es kann ja gar nicht anders sein. Denn wenn ich Gottes Gedanken denke und seine Werke tun möchte, finde ich mich wieder in einer langen Reihe biblischer Männer und Frauen, denen Gott dieselbe Sehnsucht ins Herz gelegt hat, sodass sie „unsere Zeitgenossen“ werden. Und das alles auf der Grundlage unseres Verses: *„Deinen Willen, mein Gott, tue ich gern.“*

„Gottlob, dass ich von Herzen kann das woll'n, was du gern hätt'st getan“ war auch die Erfahrung des Grafen Ludwig von Zinzendorf.

Und in schweren Zeiten dürfen wir mit David beten:

„Mit einem willigen Geist rüste uns aus“ (Psalm 51,14).

Gebet:

„Schaff in mir, Herr, den neuen Geist,
der dir mit Lust Gehorsam leist‘
und nichts sonst, als was du willst, will.
Ach Herr, mit ihm mein Herz erfüll‘.“[3] Amen.

SV

3 „Erneure mich, o ewigs Licht“, Evangelisches Gesangbuch, 390.2

PSALM 41,2

Wohl dem, der sich des Schwachen annimmt!

Das Schwache stärken

Der Schwache, wer ist das? Und wo ist er zu finden? Auf der Straße kann es der Bettler sein, an dem wir vorübergehen. Oder auch die schick gestylte Frau, von der wir nicht wissen, dass sie großen

Kummer in ihrer Ehe hat und nicht mehr aus noch ein weiß. Der Schwache, das ist der Mensch, wenn er im Krankenhaus liegt und versorgt werden muss. Zu den offensichtlich Schwachen gehören auch Ungeborene, Kinder und Ältere, die nicht mehr allein zurechtkommen.

Der Schwache oder der Geringe ist auch in einer christlichen Gemeinde zu finden. Da ist er mit seiner inneren Belastung, seiner Überforderung, seinem Schmerz, seiner Beziehungsnot, seiner Trauer. Haben wir einen Blick dafür? Sind wir bereit, ihm zuzuhören, für ihn zu beten, Zeit zu investieren? Sind wir auch bereit, ihn zu Hause aufzusuchen und mit unseren Möglichkeiten Hilfe anzubieten?

Und dann gibt es da auch noch die kleinen und schwach aufgestellten Gemeinden. Nur noch wenige Gläubige versammeln sich. Viele Christen pilgern ja doch lieber zu den großen geistlichen Tempeln, um dort reich gesegnet zu werden. Wer hat da noch etwas übrig für die schwachen und kleinen Gemeinden? Wer erinnert sich noch an das biblische Wort: *„Tragt die Schwachen"* (1. Thessalonicher 5,14)?

Und wo ginge Jesus hin, wenn er heute unter uns wäre? Welche Plätze und Versammlungen würde er aufsuchen? Würde er vielleicht eher eine kleine Gemeinde aufsuchen, als sich das Unterhaltungs-Programm einer Mega-Gemeinde anzuschauen? Wenn er schon sagt: *„Wo zwei oder drei in meinem Namen versammelt sind, da bin ich mitten unter ihnen"* (Matthäus 18,20), dann ist ihm sicherlich keine noch so geringe Zahl zu klein, um nicht auch da mit seinem Segen gegenwärtig zu sein. Allerdings gibt es auch in einer Mega-Gemeinde viele Schwache, und manche erkennen auch dort den Auftrag, sich des Schwachen anzunehmen.

Und wer sich des Schwachen annimmt, wer sich nicht zu schade ist, das Schwache aufzusuchen, egal, in welcher Form, dieser Mensch ist in Gottes Augen glücklich zu nennen. Er wird dem biblischen Auftrag gerecht: *„Nehmt euch der Schwachen an."* Und Gott wird ihn für diese Aufgabe ausrüsten und zum Segen setzen.

PSALM 42,9

Am Tage sendet der Herr seine Güte, und des Nachts singe ich ihm und bete zu dem Gott meines Lebens.

Persönliche Tagesschau

Unser Psalmwort macht deutlich: In unserer Glaubensbeziehung zu Gott geht es um ein Geben und Nehmen. Der Herr sendet seine Güte, und im Gegenzug singe, bete und danke ich ihm dafür. Anscheinend war der Psalmbeter tagsüber so in seine Arbeit vertieft, dass er erst auf seinem Lager liegend Zeit fand, sich für die Güte des Tages zu bedanken. In jedem Fall nahm er aber die Güte Gottes, die er am Tage erfahren hatte, deutlich wahr. Und das ist auch für uns ein wichtiger Aspekt in unserer Gottesbeziehung.

Ab und zu mache ich in meinen Ansprachen den Zuhörern den Vorschlag, doch am Abend eine persönliche Tagesschau zu halten. Dort kann man dann zurückblicken und sich an das erinnern, was Gott geschenkt hat. Die Bewahrung auf der Straße, das gute Essen, freundliche und herzliche Begegnungen, eine Ermutigung, ein Problem konnte gelöst werden, und es war Zeit, eine wichtige Sache vorzubereiten oder abzuschließen. Diese persönliche Tagesschau kann auch noch im Bett geschehen. Vor allem dann, wenn man, wie ich, meist nicht schnell einschlafen kann. Dort in der Ruhe der beginnenden Nacht darf ich dem Herrn meinen Dank bringen. Des Nachts zu singen ist eher schwierig, denn da würde ich wohl meine Frau wecken, die meist schneller einschläft. Aber innerlich kann ich mich freuen, kann eine Dankesmelodie anstimmen. Ja, und ich kann mich auch schon auf den nächsten Tag freuen, denn Gott wird mir auch am neuen Tag mit Güte begegnen. Das hat er verheißen.

Dass wir uns selbst dort, wo nicht alles glatt gegangen ist, die Güte Gottes bewusst machen können, das bezeugen uns Paulus und Silas im Gefängnis. Sie lobten und dankten um Mitternacht, obwohl es ihnen dreckig ging. Doch wenn sie zurückschauten, sahen sie viel

Güte Gottes und wussten: Diese Güte Gottes lässt sich auch durch Gefängnisfesseln nicht einsperren. Und wenig später erfuhren sie es ganz konkret, als ein Erdbeben die Fesseln löste und sie den Kerkermeister zum Glauben führen konnten.

Möge der Herr uns immer wieder geöffnete Augen schenken für seine Güte und Gnade, die an allen Tagen unseres Lebens da ist. Möge dieses Psalmwort uns immer wieder daran erinnern, dass wir eine Tag- und Nacht- und eine Lebensbeziehung zu unserem Gott haben, die vom Geben und Nehmen lebt.

PSALM 43,3

Sende dein Licht und deine Wahrheit; sie sollen mich leiten, mich bringen zu deinem heiligen Berg und zu deinen Wohnungen. (ELB)

Mehr von ihm

Vom Neuen Testament her gesehen können wir sagen, dass der erste Teil der Bitte durch Jesu Kommen für alle Menschen erhört wurde. Er ist gekommen als das Licht der Welt, und spätestens bei der Verhandlung vor Pontius Pilatus hat er aller Welt zu erkennen gegeben, dass er auch der König der Wahrheit ist. So ist die Bitte um Licht und Wahrheit immer auch eine Bitte um mehr von Jesus. Dass wir Jesus sehen und dass wir erkennen, was er von uns möchte.

Im zweiten Teil des Psalmwortes geht es um ein großes Lebensziel, das ich nur erreichen werde, wenn er mich mit seinem Licht und seiner Wahrheit leitet. Und genau das will Jesus. Er will uns das Ziel unseres Lebens zeigen. Er will uns zum Vater und zu den Wohnungen führen, die er für uns vorbereitet hat. Er will uns in die Welt aufnehmen, aus der er kam und in die er zurückkehrte. Die ist auch unser Ziel. Und so ist dieses Gebet ein Gebet um mehr von Jesus und ein Gebet, in dem die Sehnsucht nach der ewigen Gemeinschaft mit

Gott in der neuen Welt zu spüren ist. Aus den Niederungen der irdischen Täler sollen wir hinaufsteigen zu den himmlischen Höhen.

Ich habe den Eindruck, dass sich früher mehr Christen nach dieser Höhe und nach der Gemeinschaft mit Gott sehnten. Heutzutage scheint es vielen Christen in der westlichen Welt so gut auf Erden zu gefallen, dass wir gar keine große Sehnsucht nach dem hellen Licht und den Wohnungen Gottes haben.

Als ich mit ca. 16 Jahren mit anderen zusammen bei Gerda das Gitarrespielen lernte, war unser erstes Lied „Freund, wir ziehn ins Heimatland, willst du mit?“ Im Refrain heißt es dann: „Ja, dort ist's schön, so herrlich schön.“[4] Auch dieses Lied sang ich später immer wieder: „Bring mich höher auf die Berge“. Oder „Wenn nach der Erde Leid, Arbeit und Pein, ich in die goldenen Gassen zieh ein.“ Im Refrain heißt es: „Das wird allein Herrlichkeit sein, wenn frei von Weh ich sein Angesicht seh.“ [5]

Welch ein neues Leben wird das sein. Unvorstellbar schön! Und weil unsere irdische Reise mitunter anstrengend und beschwerlich ist, will Jesus uns jetzt schon sein Licht und seine Wahrheit senden, bis wir ihn in seinem Licht und in Wahrheit sehen und anbeten werden.

---

4 Volksweise

5 Text und Melodie: Charles Hutchinson Gabriel 1900/1903
Text: Hedwig von Redern 1905

PSALM 44,22

Denn er erkennt die Geheimnisse des Herzens. (ELB)

Heraus damit

Der gelbe Löwenzahn hat ein Geheimnis, das nicht auf Anhieb zum Vorschein kommt, sondern erst dann, wenn die Blüte verwelkt ist. Zuerst entfaltet sie ein leuchtendes Gelb und zeigt ein sonniges Gesicht, an dem sich Bienen weiden. Und das wollen wir ja alle – nach außen leuchten, sodass wir Anziehungskraft auf andere ausüben.

Doch der Löwenzahn trägt noch ein Geheimnis in sich: feine Fäden oder Haare, erst verborgen, später sichtbar als Pusteblume. Das sind die Samen, die vom Wind fortgetragen werden.

Gleichzeitig ist der Löwenzahn als lästiges und schwer zu beseitigendes Unkraut bekannt.

Unser Psalmwort sagt uns deutlich: Gott können wir nichts vormachen. Gott können wir nichts vortäuschen. Das Leuchten nach außen ist nur die eine Seite. Doch Gott kennt unser Denken, unser Dichten und Trachten. Er kennt unsere Geheimnisse. Er weiß, was in unserem Inneren verborgen liegt. Und weil das so ist, sind wir gut beraten, wenn wir uns ihm ganz öffnen und immer wieder Sprechstunden bei ihm einrichten, in denen wir ihm all das ans Herz legen, was in uns lebt und doch vor Menschen so geheim und verschlossen ist. Vielleicht machen wir es so wie bei einer Pusteblume, dass wir das, was uns anhaftet, wegblasen mit dem Gebetsatem unserer Seele und unseres Mundes. Während sich die Samen der Pusteblume an anderer Stelle niederlassen und sich wieder als Unkraut vermehren, dürfen wir wissen, dass Gott unser Gebet nicht in Unkraut, sondern in Segen verwandelt. Er nimmt es auf und verwandelt es in Segen.

Was können das für verborgene Geheimnisse sein, die sich da bei uns eingenistet haben?

Das sind vielleicht geheime sexuelle Sehnsüchte oder geheime Wünsche nach mehr Anerkennung und Applaus. Geheime Wünsche, erfolgreicher durchs Leben zu gehen. Vielleicht auch geheime Wünsche, dass Gott sich hier oder da mit einem kraftvollen Wunder zeigt. Oder auch geheime Wünsche, dass mein Christenleben fröhlicher, freier und unbeschwerter verlaufen sollte. Manches oder vieles davon lebt in den geheimen Kammern unseres Denkens und Fühlens. Und das alles ist überhaupt nicht schlimm oder peinlich. Es wird nur dort schlimm, wo wir uns dem göttlichen Licht verschließen und uns vor ihm verstecken wollen, wie Adam es nach dem Sündenfall tat. Und so ruft auch uns der Herr zu: „Mein Kind, wo bist du? Melde dich bei mir. Bring mir deine hellen und dunklen Geheimnisse. Heraus damit. Sie sind für dich vielleicht reizvoll und schön anzusehen. Du spielst mit ihnen wie mit einer Pusteblume. Öffne dich, zeige sie mir und puste sie mit deinem Gebetsatem weg von dir in meine Ohren. Behalte sie nicht für dich. Ich kenne doch schon alle deine Geheimnisse und verdamme dich nicht. Im Gegenteil, ich will dir helfen, einen guten Weg zu finden. Du sollst nicht Unkraut sein, sondern eine reine Blüte. Rein nach innen und außen. Und Frucht bringen. Frucht für alle Ewigkeit."

PSALM 45,3-5.7.18

Du bist der Schönste unter den Menschenkindern, holdselig sind deine Lippen; darum hat dich Gott gesegnet ewiglich. Gürte dein Schwert an die Seite, du Held, und schmücke dich herrlich! Es soll dir gelingen in deiner Herrlichkeit. Zieh einher für die Wahrheit in Sanftmut und Gerechtigkeit, so wird deine rechte Hand Wunder vollbringen.

Gott, dein Thron bleibt immer und ewig.

Ich will deinen Namen kundmachen von Kind zu Kindeskind; darum werden dir danken die Völker immer und ewig.

Königliche Hochzeit

Psalm 45 ist in der Lutherbibel überschrieben mit den Worten: „Lied zur Hochzeit des Königs". Der Dichter beschreibt eine überaus prächtige Hochzeit eines Königs mit seiner Braut. Im Hebräerbrief 1,8 wird auf diesen Psalm Bezug genommen und darauf hingewiesen, dass Jesus Christus dieser einzigartige König ist, dessen Thron für immer besteht. Seine Attribute sind:

Der Schönste: sowohl innerlich als auch äußerlich makellos, sündlos.

Holdselig (= anmutig): Voller Wohlwollen sind seine Lippen. Jesus will das Beste aus der Sicht des Vaters für uns. Er ist kein König der unnahbaren Distanz. Er will als unser bester Freund durch seinen Tröster, den Heiligen Geist, für immer in uns wohnen.

Sein Schwert ist das Wort Gottes, dessen Held er ist. Dies wird sehr deutlich in der Geschichte von der Ehebrecherin in Johannes 8. Da sagt Jesus zu den umstehenden Anklägern: *„Wer unter euch ohne Sünde ist, der werfe den ersten Stein auf sie"* (Vers 7). Mit einem einzigen Satz rettet er die Ehebrecherin vor der Verurteilung und dem sicheren Tod.

Die **Herrlichkeit Gottes** ist ihm gegeben, um die Wahrheit Gottes in aller Sanftmut und Gerechtigkeit durchzusetzen. Seine Hände vollbringen Wunder, und sein Wort ist stärker als der Tod. Das erfuhren die Menschen, als er seinen geliebten Freund aus der Grabeskammer mit den Worten befreite: *„Lazarus, komm heraus!"* (Johannes 11,43).

Dieser **König** hat aber auch Feinde, die ihn bis aufs Blut hassen und seine Wahrheit und sein Wort konsequent ablehnen und auch jedes Angebot zur Umkehr missachten.

Der **Thron** dieses Königs aller Könige bleibt ewig bestehen, weil Gott der Vater und der Sohn eins sind und sein Reich auf Gerechtigkeit beruht.

Die Elfenbeinpaläste, die in Psalm 45,9 erwähnt werden *(„aus Elfenbeinpalästen erfreut dich Saitenspiel")* sind wohl ein früher Hinweis auf das neue Jerusalm, die Stadt unseres Gottes.

In diese königliche Stadt zieht er ein mit seiner wunderschönen Braut an seiner rechten Seite. Seine Braut ist geschmückt mit reinstem Goldschmuck. (Vers 10). Sie ist zudem mit goldenen Gewändern bekleidet, die mit Perlen geschmückt und auf die wunderbare Motive gestickt sind. Sie muss jedoch ihre Herkunft vergessen. Sie darf nicht mehr daran denken, woher sie kommt. Vom Neuen Testament her gesehen ist die Braut des Königs die herausgerufene Gemeinde, die durch viel Not und Bedrängnis endlich ihr großes Ziel und ihre endgültige Bestimmung erreicht. Mit großem Jubel wird das noch in der Zukunft liegende Happy End bei Gott stattfinden. Wer will da nicht mit dabei sein?

Und diese gehaltvollen Wahrheiten vom König der Könige, von seiner Braut und der zukünftigen Herrlichkeit, die gilt es weiterzusagen. Unseren Kindern und Kindeskindern. Weitersagen und authentisch vorleben, dass wir dazugehören.

Den allerersten Zugang zum christlichen Glauben eröffnete mir meine Mutter, als sie mich mit dem Abendgebet „Breit aus die Flügel beide, o Jesu, meine Freude" abends ins Bett brachte und mir dieses Gebet das Geborgensein in Jesus vermittelte. Später nahmen meine Eltern mich mit in die Versammlung der Liebenzeller Mission, die bei meinem Großvater im Haus stattfand. Eines Sonntags wurde über den Kämmerer vom Morgenland gepredigt. In einem der letzten Sätze hieß es: *„Er zog aber seine Straße fröhlich"* (Apostelgeschichte 8,39). Das wollte ich auch, meine Straße fröhlich ziehen. Das ist etwa 55 Jahre her, aber der Satz ist mir in Erinnerung geblieben. Die Fröhlichkeit bei mir hat zwar leicht gelitten, aber das Samenkorn hat Frucht gebracht. Täglich danke ich Gott dafür.

Ja, darum geht es, dass es von Generation zu Generation weitergegeben wird, das kostbare Wort Gottes. Interessant und lebensnah. Möglichst viele sollen gerettet werden und dann ihre Straße fröhlich ziehen, bis zu dieser großartigen königlichen Hochzeit. Und bis dieses größte Hochzeitfest aller Zeiten stattfindet, sind wir Diener und Mägde und gleichzeitig auch Kinder und Auserwählte des Königs aller Könige.

EN

PSALM 46,11

Seid stille und erkennet, dass ich Gott bin!

Erschütterungen

Die Niederschrift dieses Psalms erfolgte zu einer Zeit, als Feinde in das Land eingedrungen waren und Israel in Not brachten. Aber ist Gott nicht größer als jeder Feind? Die Verse ermutigen dazu, dem allmächtigen Gott zu vertrauen. Seine Gegenwart schafft den Israeliten Sicherheit vor allen Feinden (Vers 8). Wenn Gott seine Wohnung in der heiligen Stadt hat, wird Jerusalem beschützt und nicht zerstört (Vers 6). Die Völker können toben, aber sie haben keine Chance gegen den Herrn, dem Himmel und Erde gehören. Alles vergeht, wenn er auf den Plan tritt (Vers 7). Er kann Kriegen ein Ende setzen, Kampfwaffen zerbrechen und Kriegswagen verbrennen (Vers 10). Sein gewaltiges Eingreifen löst Entsetzen und Schrecken aus (Vers 9). Aber sein Volk, das bei ihm Zuflucht und Stärke sucht, braucht sich nicht zu fürchten, sondern erfährt die Hilfe und Geborgenheit, die es braucht, wenn die Erde erbebt, die Berge wanken und das Meer wütet und schäumt.

Haben wir schon den Erdbeben-Test bestanden?

Wahrscheinlich haben die Wenigsten von uns in der Realität ein Erdbeben oder einen Tsunami erlebt. Aber wir erinnern uns an Medienberichte aus Ländern, die in den vergangenen Jahren von solchen Naturkatastrophen getroffen wurden. Hier fanden sich Menschen innerhalb weniger Minuten in einem völlig zerstörten Umfeld wieder. Und sie hatten sehr vieles verloren. Zum einen das meiste ihrer materiellen Besitztümer. Zum anderen Familienangehörige und Freunde, die sie nur noch begraben konnten oder die für immer verschwunden blieben. Die Testfrage lautet: Wie wären wir zurechtgekommen, wenn wir dort gewesen wären – in Japan, in Indonesien oder Mosambik? Wenn wir quasi alles verloren hätten außer unserem Leben?

Es gibt aber auch in unserem Leben Zeiten, die uns erschüttern und einem persönlichen Erdbeben oder einer Tsunamikatastrophe gleichen. Die Welt scheint unterzugehen, wenn ein Ehepartner fremdgeht oder einer den Partner und die Kinder plötzlich verlässt. Auch wenn die eigene Firma Insolvenz anmelden muss oder der Doktor verkündet, dass der Patient nicht mehr lange leben wird, werden wir tief erschüttert. Wo gibt es in solchen Situationen Frieden und Hilfe für das aufgewühlte Herz? Man sagt: Die Stürme unseres Lebens zeigen die Stärke unseres Ankers. Was unser Glaube wirklich wert ist, entdecken wir in unseren persönlichen Katastrophenzeiten, die ungefragt auf uns zukommen. Hedwig von Redern fragt: „Bin ich auch dann davon überzeugt, dass nichts ohne göttlichen Plan in mein kleines Leben tritt?“

Wer ist Gott für mich? Ist er mein höchstes Gut? Glaube ich an den einen, der im Bruchteil einer Sekunde einen Sturm stillen und mein Herz zur Ruhe bringen kann? Der weiß, was für mich gut und richtig ist. Oder ist er für mich derjenige, der dafür zu sorgen hat, dass es mir immer gut geht? Wie habe ich ihn bisher erkannt? Glaube ich, dass er mich liebt, auch wenn er Dinge in meinem Leben zulässt, mit denen ich nicht allein fertigwerde?

Ich bin überzeugt: In keiner noch so schlimmen Lage muss mein Glaube auf der Strecke bleiben. Ich kann mich jederzeit daran erinnern, dass seine Barmherzigkeit jeden Morgen neu und seine Treue groß ist (Klagelieder 3,23). In aller Not darf ich zu ihm fliehen. Auch wenn ich noch so verletzt und wütend bin oder vor Verzweiflung und Angst keine Worte finde, darf ich in seiner Gegenwart Ruhe und Frieden finden, der höher ist als alle Vernunft. Eine afrikanische Weisheit kann uns vielleicht helfen: „Du darfst Gott erzählen, wie groß deine Probleme sind. Aber dann musst du deinen Problemen auch erzählen, wie groß Gott ist."

In allem Kummer und in allem Leid bleibt er meine Hoffnung. Darum brauche ich mich nicht zu fürchten, wenngleich die Welt unterginge. Jesus Christus, mein Heiland und Herr, ist heute, morgen und in Ewigkeit derselbe, so steht es im Wort Gottes. Er hat alles unter seiner Kontrolle. Und wenn es für mich nichts mehr zu hoffen gibt in diesem Leben, so vertraue ich darauf: Er hat eine Zukunft für mich geplant in seiner ewigen Herrlichkeit, in der es kein Leid, kein Geschrei und keine Tränen mehr geben wird.

BU

PSALM 47,2.8.9

**Schlagt froh in die Hände, alle Völker,
und jauchzet Gott mit fröhlichem Schall!
Denn Gott ist König über die ganze Erde;
lobsinget ihm mit Psalmen!
Gott ist König über die Völker,
Gott sitzt auf seinem heiligen Thron.**

Man sagt, dass ca. 7000 Volksgruppen das Evangelium noch nicht gehört haben. Sie leben vor allem in Indien, Nordafrika und auf der arabischen Halbinsel. Beten wir mit, dass auch dort bald Gottes Lob erschallt.

PSALM 48,15

Dieser ist Gott, unser Gott für immer und ewig. Er ist's, der uns führet.

Neues Zuhause

Dieser Psalmvers zieht sich wie ein roter Faden durch mein Leben. Besonders die letzten Jahre, die ich gemeinsam mit meinem Mann und meinen Kindern erleben durfte, sind gekennzeichnet von Gottes Führung. Vor drei Jahren eröffnete sich für uns die Möglichkeit, ein älteres Haus zu kaufen, obwohl wir dies aus eigenen Mitteln nie hätten stemmen können. Trotz vieler anderer Interessenten wurde das Haus an uns verkauft. Nach der Schlüsselübergabe stellten wir im Gebet mit unserem Hauskreis die Umbauarbeiten unter Gottes Schutz und Segen. Denn es war geplant, das Haus mit viel Eigenleistung, unterstützt von lieben Freunden und Familienangehörigen, zu renovieren. Doch bei diesem Gedanken kamen auch Ängste und Zweifel auf, ob wir das Richtige tun würden und dieses Mammutprojekt, wie geplant, gut zu Ende führen könnten.

In den anderthalb Jahren, die folgten, wurde das Haus schließlich kernsaniert, obwohl anfänglich nur begrenzte Renovierungs- und Umbauarbeiten vorgesehen waren. Viele neue Handwerksarbeiten forderten uns heraus. Eine Unmenge an Entscheidungen musste getroffen, Helfer mussten organisiert und verpflegt werden. Doch in alledem war Gottes Führung und Gegenwart spürbar, auch wenn die Kräfte von meinem Mann und mir irgendwann nicht mehr da waren.

Aber immer dann, wenn wir vor lauter Baustelle kein Licht mehr am Horizont sehen konnten, kamen unsere Familienangehörigen und Freunde und machten uns Mut, boten uns im richtigen Moment Hilfe an oder kümmerten sich um unsere zwei kleinen Kinder, damit wir ein Stück weiterarbeiten konnten. Diese tolle Unterstützung und die Tatsache, dass in den anderthalb Jahren des Hausumbaus keiner unserer Helfer einen Unfall hatte oder eine Verletzung davontrug, sehen wir als riesengroßes Gottesgeschenk. Auch finanziell bangten wir öfters, ob es wohl reichen würde, den Umbau zu einem guten Ende zu führen. Umso erstaunlicher war es, als wir feststellten, dass am Ende des Umbaus sogar noch etwas Geld übrig war, obwohl wir mehr Umbaumaßnahmen umgesetzt hatten als anfänglich geplant und einkalkuliert.

Nun leben wir seit über einem Jahr in einem wunderschönen, renovierten Haus, haben eine wunderbare Gemeinde vor Ort und so viele liebe Nachbarn und Kontakte, die mit uns die Liebe zu Jesus teilen. Und weil Jesus uns immer neu überschütten möchte mit Wundern und Geschenken, dürfen wir sogar seit ein paar Wochen ein weiteres Kind in unseren Armen halten. Voll Dankbarkeit blicken wir nun zurück und sehen wahrhaftig den roten Faden der Führung Gottes. Er hat viele Gebete erhört, uns an einen neuen Ort geführt und unsere Familie wachsen und auch innerlich reifen lassen.

Und das drückt für mich dieses Psalmwort aus. Gott will uns in jeder Lebenslage führen. Er ist so unendlich treu, und er erhört unser Gebet, auch wenn sich manchmal nichts zu bewegen scheint. Wie oft waren unsere Gebete zaghaft, leise und von Zweifeln belegt, ob er uns wirklich ans Ziel führt. Und nicht immer war es genau das, worum wir gebetet hatten, aber es war immer genau das, was wir zu der Zeit brauchten und was gut für uns war. Ihm allein alle Ehre!

GD

PSALM 49,16

Aber Gott wird mich erlösen aus des Todes Gewalt; denn er nimmt mich auf.

Weit offen

Die Gewalt des Todes ist die ganz große und starke Umklammerung unseres Lebens. Eine Umklammerung, der wir nicht entkommen können. Und eines ist klar: Weder gesunde Ernährung noch ein gesunder Lebensstil noch medizinische Künste werden uns jemals aus der Gewalt des Todes herausreißen. Sie können unser Sterben wohl etwas hinauszögern oder uns etwas mehr Vitalität geben, was durchaus auch Sinn macht. Aber damit ist das eigentliche und große Problem nicht gelöst. Nur Gott kann uns aus dieser Umklammerung befreien. Und das tut er. Das weiß schon der Beter im Alten Testament, und das wissen wir noch viel gewisser, seit Jesus auferstanden ist. Er allein hat dem Tod die Macht genommen. Paulus ruft aus: *„Tod, wo ist dein Sieg, Tod, wo ist dein Stachel? ... Gott aber sei Dank, der uns den Sieg gibt durch unseren Herrn Jesus Christus!“* (1. Korinther 15,55.57).

Durch das Tor des Sterbens müssen wir alle hindurchgehen. Das stimmt. Das blieb Jesus nicht erspart, und das bleibt auch uns nicht erspart. Aber selbst Menschen, die um des Glaubens willen viel leiden müssen und oft gequält werden, dürfen tief in ihrem Glaubensinnern wissen: „Gott wird mich erlösen aus des Todes Gewalt. Die Hand des auferstandenen Christus reißt mich heraus.“ So wie es in einem Osterlied heißt: „Ich hang und bleib auch hangen an Christus als ein Glied. Wo sein Haupt durch ist gangen, da nimmt er mich auch mit. Er reißet durch den Tod, durch Welt, durch Sünd, durch Not, er reißet durch die Höll. Ich bin stets sein Gesell.“[6]

Diese Gewissheit wünsche ich mir und anderen Christen gerade auch in den schweren Zeiten, wenn eine schlimme Krankheit, ein Unglück oder die Schwäche des Alters uns zum Tor des Sterbens führt. Dass wir festhalten, wie der Psalmbeter es bezeugt: *„Gott wird mich erlösen aus des Todes Gewalt.“* Das sagt mir das Wort. Das darf ich mir auch selbst zusprechen, und wie gut, wenn auch andere es mir zusagen: „Gott wird dich erlösen aus des Todes Gewalt.“ Ja, er hat es schon getan in Christus. Halte es fest und geh mit dieser Gewissheit durch das Tor des Sterbens. Denn das Tor des Todes ist weit offen für den, der Christus angehört.

---

6 Auf, auf, mein Herz, mit Freuden
Text: Paul Gerhardt 1647

PSALM 50,15

Rufe mich an in der Not, so will ich dich erretten, und du sollst mich preisen.

Rufe mich an …

Wenn die Einsamkeit dich bedrängt,
wenn Sorgen und Kummer dein Herz belasten,
wenn Verletzungen dich schmerzen,
wenn Trauer dein Herz erfüllt,
wenn du in Beziehungsnot lebst,
wenn die Depression sich bei dir einnisten will,
wenn Sinnlosigkeit dich plagt,
wenn du die Orientierung verloren hast,
wenn das Leben dich hetzt,
wenn schwere Schicksalsschläge dich ereilen,
wenn du lebensmüde bist,
wenn du nach Rettung verlangst …
„… dann will ich dich erretten, und du sollst mich preisen."

So spricht Gott, der Allmächtige, dein himmlischer Vater, zu dir in seinem heiligen Wort.

PSALM 51,14

Mit einem willigen Geist rüste mich aus.

Geist-Kooperation

Es ist gut, wenn wir selbst erkennen, dass wir hier und da einen schwachen oder launischen Geist haben, ja, sogar einen Geist, der sich dem widersetzt, was Gott von uns möchte. David spricht diese Bitte aus, nachdem er offen seine Sünde bekannt hat. Selbst er, der fromme und starke König, der Gott mit Psalmen loben konnte wie kein anderer und oft die Nähe Gottes suchte, hielt manch einer Versuchung nicht stand und lud Schuld auf sich. Und gerade dieser David bittet nun um einen willigen Geist. Wie gut, wenn auch wir diese Erkenntnis in unserem Herzen tragen, dass wir schwach und schwankend sind und dringend einen neuen, willigen Geist brauchen.

Doch wozu könnten wir ihn gebrauchen?

- Zum Beispiel für Arbeiten, die uns lästig erscheinen, aber notwendig sind,
- um einer Freundin zu helfen, die in Not geraten ist,
- für den Besuchsdienst oder eine andere Aufgabe in der Gemeinde, die uns am Herzen liegt, für die wir uns aber noch nicht gemeldet haben,
- um Menschen in unserem Haus aufzunehmen.

Ja, wir brauchen eine Willigkeit, die den Eigenwillen aufbricht. Denn im Eigenwillen wird manches verbogen oder bleibt liegen. Unsere Jesusnachfolge gerät dann in eine Schieflage.

Der willige Geist aber bringt uns wieder in die Balance. Es ist der Geist, der Jesus nachfolgen will. Es ist der Geist, der in uns eine größere Achtsamkeit für das eigene Tun an den Tag legt. Es ist der Geist, mit dem wir unsere Widerwilligkeit überwinden. Der willige Geist ist der Geist, welcher dem Heiligen Geist Raum gibt. Ja, es ist der Geist, der mit dem Heiligen Geist kooperieren will. Es ist der Geist, der zuerst nach dem Reich Gottes trachtet. Der willige Geist zeigt sich dann darin, dass wir unseren Dienst mit Freuden tun. Und er zeigt sich daran, dass wir ein Segen für andere sein möchten.

PSALM 52,10

Ich verlasse mich auf Gottes Güte immer und ewig.

Vertrauen

Zum ersten Mal haben wir uns jetzt im Rentenalter einen günstigen Neuwagen geleistet. Und zum ersten Mal erleben wir es, dass man sich auf ein Auto so richtig verlassen kann. Bisher fuhren wir immer Gebrauchtwagen, meist hatten sie schon an die 200 000 km oder mehr drauf. Immer wieder gab es Reparaturen, oder irgendetwas funktionierte nach ein paar Monaten nicht mehr richtig.

Viel wertvoller aber, als sich auf Autos und Maschinen zu verlassen, ist es, wenn wir uns ganz und gar auf Menschen verlassen können. Auf unsere Familienmitglieder und Freunde. Oder auf den Handwerker, der unsere Sachen im Haus wieder richtet, oder auf den Arzt, dem unsere Gesundheit wichtig ist. Ja, es ist schön, sich sowohl auf Maschinen als auch auf Menschen verlassen zu können und Gutes zu erleben. Doch noch lebenswichtiger ist es, wenn wir unser uneingeschränktes Vertrauen auf unseren Schöpfer richten. Auf ihn ist Verlass, wenn er unser himmlischer Vater ist und wir seine Kinder sind. Dann können wir ihm im Gebet jederzeit unsere kleinen und großen Angelegenheiten anvertrauen. Und nicht nur das, wir können auch ganz konkret hinzufügen: „Ich vertraue dir in dieser Angelegenheit. Ich vertraue dir im Blick auf meine Gesundheit, im Blick auf meine alternden Eltern. Ich vertraue dir für meine Frau und meine Kinder. Ich vertraue dir im Blick auf meine Zukunft." Und Gott freut sich, wenn wir ihm ein Anliegen nennen und gleich dazusetzen: „Ich vertraue dir in dieser Sache."

Ja, auf Gottes Güte können wir uns verlassen. Denn Gottes Wesen ist Güte. Selbst da, wo die Güte von Menschen fehlt oder an ihre Grenze stößt, ist die Güte Gottes noch immer nicht am Ende. Seine Güte reicht, so weit der Himmel ist (siehe Psalm 36 und 57). Das bedeutet, dass über jedem Fleckchen Erde, und sei es ein noch so schwieriger und abgelegener Ort, die Güte Gottes hängt und erfahrbar ist. Sie kann uns überall erreichen. Wohl uns, wenn wir dieses große Vertrauen in Wort und Tat immer wieder zum Ausdruck bringen.

PSALM 53,2-4

Die Toren sprechen in ihrem Herzen: „Es ist kein Gott.“ Sie taugen nichts; ihr Treiben ist ein Gräuel; da ist keiner, der Gutes tut. Gott schaut vom Himmel auf die Menschenkinder, dass er sehe, ob jemand klug sei und nach Gott frage. Aber sie sind alle abgefallen und allesamt verdorben; da ist keiner, der Gutes tut, auch nicht einer.

Wem leihe ich mein Ohr?

„Dieser Psalm stammt von David und berichtet davon, dass die ganze menschliche Rasse böse ist und dass Gott die Sünder der Vernichtung preisgeben wird. Deshalb sehnt sich der Schreiber nach der Errichtung von Gottes Königreich.“[7]

„Die Toren sprechen in ihrem Herzen: ‚Es ist kein Gott‘“ (Vers 2). Woher meinen sie das so genau zu wissen? Weil nicht sein kann, was nicht sein darf? Gibt es für das Leben auf dieser Erde eine Ursache? Oder war es ein dummer Zufall, dass du und ich hier existieren? Schon seit Beginn der Zeit stellen sich Menschen diese Frage, vom Wissenschaftler bis hin zu Kindern.[8]

Lassen wir zwei berühmte deutsche Physiker und Nobelpreisträger zu Wort kommen:

„Für uns Naturwissenschaftler ist es heute selbstverständlich, dass der lebendige Gott am Ende aller Erkenntnis steht.“ (Max Planck, 1858–1947)

„Der erste Schluck aus dem Glas der Naturwissenschaft macht einen atheistisch, aber auf dem Grund des Glases entdeckt man Gott.“ (Werner Heisenberg, 1901–1976)

7 „Das alte Testament – erklärt und ausgelegt“, herausgegeben von John F. Walvoord und Roy F. Zuck, Band 2 – 1. Könige – Hohelied, hänssler – BIBELWISSEN)

8 „36 Argumente für Gott“, CLV

Während sich die Naturwissenschaftler mit den Fakten auseinandersetzen und versuchen, die Geheimnisse der Schöpfung zu ergründen, verwirren uns die Geisteswissenschaftler mit ihren eigenen, scheinbar klugen Theorien und Ideen über Gott und die Welt. Wem leihe ich mein Ohr?

Woher komme ich – warum bin ich hier – wohin gehe ich? Was ist der Sinn dieses Lebens?

Jeder Mensch erlebt Zeiten, in denen ihn diese Fragen beschäftigen. Aber meistens sind wir viel zu beschäftigt, als dass wir diese Fragen konsequent zu Ende denken. Denn dann würden wir unweigerlich zu dem Schluss kommen, dass diese Welt ohne Gott keinen Sinn ergibt.

Im Buch der Prediger offenbart uns Gott, *„dass er die Ewigkeit in (unser) Herz gelegt (hat), nur dass der Mensch nicht ergründen kann das Werk, das Gott tut, weder Anfang noch Ende“* (3,11).

Es ist kein Gott? – Der Römerbrief deckt auf: *„Denn obwohl sie von Gott wussten, haben sie ihn nicht als Gott gepriesen noch ihm gedankt, sondern sind dem Nichtigen verfallen in ihren Gedanken, und ihr unverständiges Herz ist verfinstert. Die sich für Weise hielten, sind zu Narren geworden“* (1,21.22).

Albert Einstein (1879–1955, deutsch-amerikanischer Physiker und Nobelpreisträger) kam zu folgender Erkenntnis: „Zwei Dinge sind unendlich, das Universum und die Dummheit. Aber bei dem Universum bin ich mir noch nicht ganz sicher."

Dabei ist alles noch viel schlimmer. Die Menschen leben an der Wirklichkeit vorbei, sie führen ein gottloses Leben, und alles, was sie tun, ist abscheulich; es gibt keinen, der Gutes tut, sie haben sich alle von Gott abgewandt und sind verdorben (3,11.12).

Viele Katastrophen in unserem Leben sind hausgemacht – egal, ob es um unser persönliches Umfeld oder unsere Welt geht. Kriege, Terror, Unterdrückung, Gewalt, Hass, Gier, Betrug, Lüge ... Wir könnten endlos fortfahren. Am Ende kriegen wir nichts Gutes hin. Getrennt von Gott leben wir in einer gefallenen und verwundeten Welt. Ohne Gott schaffen wir es nicht, wirklich Mensch zu sein, die Würde unseres Nächsten nicht anzutasten und verantwortungsvoll mit dieser Welt umzugehen.

Was die Welt heute immer noch braucht, ist Jesus. Was ich brauche, ist Jesus. Was du brauchst, ist Jesus. Weil er Heil und Rettung bringt. Für uns persönlich und für eine gefallene Schöpfung. *„Gott schaut vom Himmel …, dass er sehe, ob jemand klug sei und nach Gott frage"* (Vers 3). Glauben fängt nicht da an, wo unser Verstand zu Ende ist, sondern da, wo unser Widerstand gegen Gott zu Ende ist.

Ein mutiges gläubiges Mädchen in der ehemaligen Sowjetunion wurde von ihrem atheistischen Lehrer herausgefordert zu sagen, wie groß Gott sei. Sie gab folgende Antwort: „Gott ist so klein, dass er in meinem Herzen wohnt, und er ist so groß, dass er nicht in Ihren Kopf passt."

Die Weisheit der Welt ist Torheit vor Gott. *„Obwohl die Welt von der Weisheit Gottes durchdrungen ist, konnte sie ihn durch ihre Weisheit nicht finden. Gott hat eine Botschaft, die unsinnig erscheint, dazu benutzt, alle zu retten, die daran glauben"* (1. Korinther 1,21, NLB).

Wir sollten das Gebet von Dag Hammarskjöld (1905–1961, ehemaliger schwedischer Diplomat/UN-Generalsekretär und Friedensnobelpreisträger) zu unserem machen: „Herr, unser Gott, gib mir einen reinen Sinn, dass ich dich erblicke; einen demütigen Sinn, dass ich dich höre; einen liebenden Sinn, dass ich dir diene; und einen gläubigen Sinn, dass ich in dir bleibe."

BU

PSALM 54,6

Siehe, Gott steht mir bei, der Herr erhält mein Leben.

Bewahrt und gerettet

David hat sich mit seinen Getreuen in der Wüste Sif vor Saul versteckt. Die Männer von Sif haben aber Davids Versteck an Saul verraten. Saul ist mit großer Übermacht gerade dabei, David und die Seinen einzukesseln. Saul will David umbringen. Die Lage ist nach menschlichem Ermessen ausweglos. David hat nicht mehr viel Zeit. Jedoch, David ist kampferprobt. Als junger Mann hütete er die Schafe seines Vaters. Wenn ein wildes Tier eines davon wegschleppte, lief er ihm nach und schlug auf das Tier ein, bis es das Schaf losließ. Wurde er selbst angegriffen, wusste er sich zu wehren. David besaß eine gewisse Kaltblütigkeit und innere Sicherheit sowie eine schnelle Auffassungsgabe und Intelligenz. Zudem hatte er großes Gottvertrauen. Dies bewies er auch beim Kampf mit dem Riesen Goliath. Wie sagte er zu Goliath: *„Ich aber komme zu dir im Namen des Herrn Zebaoth"* (1. Samuel 17,45). Gott gibt ihm diese Sicherheit, dass sein Tun richtig ist und dem Willen Gottes entspricht. David weiß aus Erfahrung: Bei Gott gibt es keine ausweglosen Situationen. Und so erfährt er auch in dieser Situation mit dem Riesen Goliath Bewahrung und Rettung selbst aus Todesnot.

In dem bekannten Paul-Gerhardt-Lied heißt es: „Er weiß viel tausend Weisen, zu retten aus dem Tod."[9] Auch ich kann dies bezeugen, denn ich stand schon mehrfach am Abgrund des Todes. Einmal wurde ich fast in die Grube hinuntergezogen. Ich erinnere mich:

Mein Vater und ich hatten eine Firma gegründet. Die Firma lief immer besser, und wir bekamen bald Platzprobleme. Deshalb beschlossen wir, ein neues Firmengebäude zu bauen. Nachdem die Planungen abgeschlossen waren und die Genehmigungen vorlagen, rückte ein Bagger an und hob die Baugrube aus. Das Grundstück hatte starkes Gefälle. Als die Baugrube fertig war, stand im hinteren Bereich eine fast senkrecht aufgeschüttete Erdwand von 8 bis 10 m Höhe. Die Baugrube wurde mit einem soliden Geländer gesichert. Bei früheren Baumaßnahmen war in etwa 1,5 m Tiefe unterhalb des Baugrubenrands ein Elektrokabel verlegt worden, das wir mit einer Schnur an dem Geländer festbanden. Zwei oder drei Tage danach regnete es derart heftig, dass ein kleiner Bach genau an der Stelle entstand, an der sich das Kabel befand, und direkt in die Baugrube lief. Ich ging zu dieser Stelle, um nachzusehen, ob alles noch stabil war. Es hatte sich jedoch schon eine kleine Erdscholle von Spatengröße gelöst und drohte jeden Moment abzurutschen. Die Erdscholle wurde nur noch von dem Elektrokabel gehalten. Um es festzuhalten, legte ich den rechten Zeigefinger in die Drahtschlaufe des Kabels. Meine Frau und unsere drei Kinder beobachteten die ganze Entwicklung von einem höher gelegenen Punkt aus. Plötzlich

9 Du meine Seele, singe
Text: Paul Gerhardt 1653

brach die kleine Erdscholle ab, und im selben Augenblick wurde ich von einer unglaublich starken Kraft über das Geländer hinunter in die Baugrube gezogen. Reflexartig hielt ich mich mit meiner linken Hand am Geländer fest und riss mich mit aller Kraft zurück, um nicht in die Tiefe zu fallen. Dann kam ich wieder frei. Zuerst war ich noch etwas benommen. Als ich jedoch nach meinem Finger sah, packte mich das kalte Grausen. Er war furchtbar zerfetzt, der Knochen schaute heraus, Blut tropfte herab, aber ich spürte kaum einen Schmerz. Meine Frau sagte später, sie habe mich schon in die Baugrube fallen sehen. Der Herr aber hatte mich davor bewahrt.

Wir fanden einen Arzt, der mir den Finger durch Hauttransplantation aus meinem Oberarm wieder so weit zusammenflickte, dass mir das zweite Fingerglied erhalten blieb. Dafür bin ich ihm heute noch dankbar. Die Drahtschlaufe habe ich später abgeschnitten und bewahre sie immer noch auf, damit ich nicht vergesse, dass mich Gott in letzter Sekunde vor Schlimmerem bewahrt und mir mein Leben neu geschenkt hat.

Nicht nur Davids Leben, sondern auch mein Leben hat Gott bewahrt und mich vor der Grube gerettet. Ja, *„der erhält mein Leben."* Das kann ich bis zum heutigen Tag bestätigen.

EN

PSALM 55,17

**Ich aber will zu Gott rufen
und der Herr wird mir helfen.**

Gesunder Aber-Glaube

Aberglauben gibt es in ganz vielfältiger Form. Doch Gott will nicht, dass wir uns auf dunkle und okkulte Mächte einlassen. Denn sie nehmen gefangen. Wer Jesus zum Freund hat, braucht dies auch gar nicht. Denn er weiß: Ich muss keine Kräfte des Universums anzapfen, weil Jesus genügt. Und doch gibt es einen gesunden und motivierenden Aber-Glauben. Dieser Aber-Glaube sagt: „Ich aber glaube." Er motiviert, in den Schwierigkeiten des Alltags nicht aufzugeben. Er sagt: „Möge Leid mich treffen, ich aber glaube. Möge Angst mir zu schaffen machen, ich aber glaube, dass Gott mir helfen wird." Psalm 55 ist ein Gebet Davids, das er sicher auch gesungen hat. Gebete, die man singen kann, motivieren einen Menschen noch stärker zu dieser Haltung: Ich aber glaube.

David hatte kein leichtes Leben. Ständig musste er kämpfen und irgendwelche Probleme lösen. Das fing schon als Kind an. Mutter- und vaterseelenallein war er mit seinen Schafen unterwegs und musste wilde, gefährliche Tiere vertreiben. Das ging nicht ohne Angst ab. David war noch ein Teenie, als die Philister Israel überfielen und auch ihn in Angst und Schrecken versetzten. Als er beim Heer ankam, um seine Brüder zu besuchen, sah er, dass keiner der Soldaten den Mumm hatte, in den Kampf zu ziehen. Er selbst dagegen hielt es nicht mehr aus und wagte den Kampf gegen Goliath. In dieser Situation musste David sein ganzes Leben in den „Ich-aber-Glauben" werfen. David siegte und bekam viel Ehre. Aber wie üblich hält so etwas nicht lange an. Bald darauf wollte Saul ihn vernichten. Viele Jahre war er hinter David her. Wiederholt entkam David nur knapp einem Mordanschlag. Erst nach 20 Jahren Verfolgung, Kampf und Krieg war es vorbei, und David wurde als König eingesetzt. Doch auch hier ging es nicht ohne Probleme ab. Drei Söhne wollten später ebenfalls König werden und gingen sich gegenseitig an die Gurgel. Absalom, der dritte Sohn, begann einen Bürgerkrieg und verjagte den Vater kurzzeitig vom Thron.

Wenn Vertraute sich gegen uns wenden, schmerzt es immer sehr. Ihre Angriffe treffen unseren Lebensnerv. Kein Schmerz begleitet uns wie der, den Eltern in uns angerichtet haben, weil sie uns enttäuschten, verletzten, misshandelten, missbrauchten ... nicht wirklich liebten. Und auch enge Freunde verletzen uns, wenn sie sich gegen uns wenden. Solche Erfahrungen erschweren den Glauben an Gott. Doch in alle Risse unseres Lebens hinein, in alles Nichtverstehen, warum Gott diesen Schmerz zugelassen hat, können wir sagen: „Ich aber glaube, dass Gott mit mir ist und aus jedem Geschehen Gutes und Heilbringendes wirken wird." *NU*

PSALM 56,12

Auf Gott hoffe ich und fürchte mich nicht; was können mir Menschen tun?

Vertrauen

In angsterfülltem Beben und tiefster Not
der Beter wendet sich an seinen Gott.
Er bittet um Hilfe, um Rettung aus der Feinde Hand.
Nichts außer Gott bleibt ihm freundlich zugewandt.

Als er mit kindlichem Vertrauen seine Lage ermisst,
weiß er: Gottes Arm ist stärker als böser Feinde List.

Bedroht und mundtot gemacht,
will er nicht schweigen in seiner Nacht.
Aus dem Innern atmend betet er:
„Du bist mein Gott, mein starker Herr.
Mein Rufen zu dir und dein Wort zu mir
ist der Seele Brot, schenkt Heil in meiner Not."

Dem Bösen ist er nicht schutzlos geweiht,
bei Gott fühlt er sich geborgen, von Ängsten befreit.
Wie ein Kind im Arm der Mutter sicher liegt,
vertraut er auf Gott – sein Wort in ihm siegt:
„Bei Gott kann ich in allem Leiden ruhn.
Was können mir denn Menschen tun?"

Seine Seele wird den Tod nicht sehen,
denn Gott lässt ew'ges Leben entstehen.
Befreit, erlöst, die Füße stehen fest.
Überwunden ist der Anfechtung Test.
Umflutet vom hellen Licht zieht er freudig weiter
mit den Lebendigen, mit der Schar Gott-Geweihter.
Und mit dem mächtigen Herrn an seiner Seite.
Was der Beter erlebte, gilt auch für heute.

PSALM 57,3-4

**Ich rufe zu Gott, dem Allerhöchsten,
zu Gott, der meine Sache zum guten Ende führt.
Er sende vom Himmel und helfe mir.**

Der Allerhöchste

David befindet sich in einer schier ausweglosen Lage. Der noch amtierende König Saul verfolgt ihn und trachtet ihm nach dem Leben. David flieht in eine Höhle. Dort betet er zu Gott. Er ruft ihn an als den Allerhöchsten. Dieser Gottesname (El Elyon) drückt die Erhabenheit Gottes aus. Gott, der Allerhöchste, steht über allem. Er ist der Schöpfer aller Dinge und allen Lebens, der Lenker der Geschichte. Er führt alles bei denen zum Heil, die IHM vertrauen.

Warum ruft sich David Gott als den Allerhöchsten in Erinnerung? Er ruft Gott hier nicht als den treuen Bundesgott an (den Gott Abrahams, Isaak und Jakobs). Er nennt Gott nicht „HERR Zebaoth" (Herr der himmlischen Heerscharen) als Ausdruck der Majestät Gottes. Er ruft sich Gott als den Allerhöchsten in Erinnerung. Denn dieser hat, was die schwere Situation von David anbelangt ...

den Überblick,
den Durchblick,
den Einblick,
den Ausblick.

Und diesem Gott will und darf ich mich getrost neu anvertrauen. Er arbeitet für mich und wird meine Sache zum guten Ende führen. David betet ergebnisoffen und bittet Gott gleichzeitig um himmlische Hilfe.

Auch uns bleiben mitunter schier ausweglose Situationen nicht erspart. Ein tragischer Unglücksfall, eine schmerzhafte Beziehungskrise, eine schwere Krankheit, berufliche Nöte, persönliche Ängste. Wie sollen wir damit umgehen?

Von David will ich immer wieder lernen, mich Gott, dem Allerhöchsten, anzuvertrauen. Wissend, er wird sich meiner Situation annehmen. Möge der Allerhöchste auch Ihre Sache zu einem guten Ende führen. Er sende vom Himmel her Hilfe.

BHP

PSALM 58,12

Gott ist noch Richter auf Erden.

Gottes Richten

Hin und wieder behaupten Menschen: „Dieses oder jenes Geschehen, das war das Gericht Gottes." Das geschieht vor allem dann, wenn ein größeres Unglück irgendwo in der Welt passiert ist. Nun, dieses Wort aus unserem Psalm könnte so verstanden werden, dass wir hin und wieder Unglücke oder auch kriegerische Auseinandersetzungen als ein Strafgericht Gottes ansehen. Meist jedoch wird solch eine Behauptung einfach aus dem Bauch heraus getroffen oder auch um einmal einen Gegenpol zu dem häufig zitierten Satz von dem liebenden Gott zu setzen.

Der Satz aus unserem Psalm entspricht ganz bestimmt auch heute noch der Tatsache. Ja, Gott ist noch Richter auf Erden.

Im Leben Jesu sehen wir, dass er oft ein hartes Urteil für Menschen hatte, die selbstgerecht lebten oder die sich durch eine Werkgerechtigkeit Gottes Gunst erwerben wollten. Dagegen war sein Richten im Leben von Sündern und Versagern oft ein Aufrichten. Das sehen wir besonders bei der Frau, die im Ehebruch ertappt und von vielen verurteilt wurde. Den Herumstehenden wäre es am liebsten gewesen, wenn auch Jesus diese Frau verurteilt und hart gerichtet hätte (Johannes 8). Doch Jesus handelt ganz anders. Sein Richten verdammt sie nicht, sondern richtet sie auf und gibt ihr die Weisung mit auf den Weg: *„Geh hin und sündige hinfort nicht mehr"* (Vers 11). Und als Simon Petrus Jesus verleugnet hatte und er von Jesus vielleicht auch ein hartes Urteil erwartete, fragte ihn Jesus dreimal: *„Simon, hast du mich lieb?"* (Johannes 21,17). Als Petrus dies bejahte, war er wieder aufgerichtet, ja, er war wieder hergerichtet in der herzlichen Gottesbeziehung.

Gott ist noch Richter auf Erden. Ich schreibe diese Zeile in der Karwoche, wenige Stunden vor dem Karfreitag. Im Karfreitagsgeschehen wird deutlich, dass Gott Richter ist auf Erden. Jesus nimmt die Schuld der Menschheit auf sich. Er richtet die Sünde, indem er zum Opferlamm wird, das Gott annimmt. Das große Gerichtsurteil für die Sünde ist ein für allemal an Jesus vollzogen. Er hat bezahlt. Er hat sich hingegeben zu einer Erlösung für viele. Die ihm feind sind und ihn verurteilt haben, für diese betet er: *„Vater, vergib ihnen, denn sie wissen nicht, was sie tun"* (Lukas 23,34). Noch persönlicher wird er mit dem einen verurteilten Verbrecher, der sich an ihn wendet und ihn bittet: *„Gedenke an mich, wenn du in dein Reich kommst"* (Vers 42). Und obwohl Jesus um seine Schuld weiß, richtet er ihn nicht. Er sagt ihm auch nicht, dass er noch diese und jene Werke zu vollbringen habe. Das konnte er auch gar nicht. Und so verheißt ihm Jesus: *„Heute wirst du mit mir im Paradies sein"* (Vers 43). Jesus richtet ihn auf, er stellt eine tiefe Gottesbeziehung her, dadurch, dass er für die Sünden des Schächers bezahlt hat. Und dieser nimmt die Vergebung an. Als ein Erlöster nimmt er Abschied von dieser Welt.

Das Kreuz Jesu ist der eigentliche Richterstuhl hier auf Erden. Von diesem Blickpunkt aus richtet Gott. Seit Golgatha ist für die Sünde der Menschheit bezahlt. Und wer im Glauben an das Opfer Jesu zu Gott kommt und ihm sein Leben anvertraut, der braucht kein anderes Gericht mehr zu fürchten. Und selbst dort, wo Gott durch Unglücke, Kriege oder Naturkatastrophen am Werk ist, was wir oft allzu schnell als ein Richten Gottes interpretieren, geschieht dies letztlich nicht, um zu vernichten, sondern um herzurichten und aufzurichten. Manche dieser Ereignisse sind Leuchtfeuer, die einem oder mehreren Menschen den Weg zum Kreuz zeigen. Von dort her will Jesus Menschen aufrichten, heilen und in ihrer Gottesbeziehung wiederherrichten.

Denn seit Golgatha gilt, was Paulus schreibt: *„Wo aber die Sünde mächtig geworden ist, da ist die Gnade noch viel mächtiger geworden"* (Römer 5,20). Und das ist das Ziel Gottes mit dem Menschen, dass er erfährt: Die Gnade ist mächtiger als die Sünde und er darf dann durch diese erfahrene Gnade Gottes eingehen in das Paradies, direkt und unmittelbar, wenn er Abschied genommen hat von seinem irdischen Dasein.

PSALM 59,17

Denn du bist mir Schutz und Zuflucht in meiner Not.

Gebetserhörung

Zwei Jahre waren wir schon in Japan in der Mission, als ich einen Nervenzusammenbruch erlitt. Wir – meine Frau, unsere kleine Tochter und ich – mussten nach Deutschland zurück. Es war eine schwierige Zeit. Erst nach etwa zwei Jahren ging es mir besser, doch gut war mein Zustand noch nicht. Und die Fragen schwebten im Raum: „Wie soll es weitergehen? Bin ich überhaupt noch in der Lage, wieder nach Japan auszureisen, um mich dort in der Missionsarbeit einzubringen?“ Zwei Jahre hatte ich dort intensiv die Sprache gelernt. Jetzt, nach zwei Jahren in Deutschland, war mein Japanisch schlecht geworden. Um uns zu stärken und uns wieder auf eine mögliche Ausreise vorzubereiten, fragten wir an, ob wir an das Theologische Seminar nach Adelshofen kommen könnten. Meine Frau würde dann teilweise den Unterricht besuchen, und ich könnte mich als Hausmann betätigen, um seelisch stabiler zu werden. Aber wie sollte es danach weitergehen? Ich hielt daran fest, dass uns der Herr nach Japan zurückbringen wollte. Doch dazu brauchten nicht nur wir, sondern auch die Missionsleitung ein deutliches Zeichen. Denn die Ärzte sprachen sich gegen eine erneute Ausreise aus.

Dann kam mir die Idee, für eine japanische Person zu beten, die nach Adelshofen kommen könnte, um uns direkt vor Ort sprachlich wieder auf Japan vorzubereiten. Dies sollte unser Zeichen sein. Obwohl viele daran zweifelten, dass dies geschehen würde, vertraute ich dem Herrn. Ich schrieb an einen japanischen Freund in England und bat ihn um Rat. Eines Tages schrieb er mir zurück, dass er eine japanische Studentin kenne, die in England sei und es sich vorstellen könnte, uns nach ihrem baldigen Abschluss ein Jahr lang vor Ort zu unterrichten. War das unsere Gebetserhörung? Ja, sie war es. Der Herr schickte uns Yukari von England nach Deutschland, direkt vor unsere Haustür. Sie konnte im Lebenszentrum Adelshofen wohnen und auch etwas dort mitarbeiten. Vor allem aber war sie ein Jahr lang unsere Sprachlehrerin. Diese Gebetserhörung war sowohl für uns als auch für die Missionsleitung ein sehr starkes Zeichen, dass Gott uns erneut in der Missionsarbeit in Japan haben wollte. Und so bekamen wir wieder die Erlaubnis, erneut nach Japan auszureisen. Ja, er ist unsere Zuversicht und Zuflucht, wenn die Dinge schwierig werden. Und er führt sein Werk an uns herrlich hinaus.

PSALM 60,14

Mit Gott wollen wir Taten tun.

Unsere Gottestaten

Mich verwunderte es, als vor ein paar Jahren die Bundeskanzlerin auf den großen Flüchtlingsstrom mit den Worten reagierte: „Wir schaffen das." Diese Aussage mag zwar von ihr gut gemeint gewesen sein, doch eine solch große Herausforderung allein dem „Wir" anzuvertrauen, hielt ich damals nicht für sehr weise. Auch heute noch habe ich ein mulmiges Gefühl, wenn ich diesen Satz von einem „Christenmenschen" ausgesprochen höre.

Wie ganz anders unser Psalmbeter. Er ruft uns zu: *„Mit Gott wollen wir Taten tun."* Nun, ich denke, er hat in seinem Leben erfahren: „Da, wo Gott mitgeht, da gelingt mein Leben, da erfahre ich Segen und Gewinn." – *„Mit Gott wollen wir Taten tun."* Ist das nicht ein wunderbares Motto, um den Tag zu beginnen? Nicht nur mich selbst, sondern auch andere möchte ich mitnehmen und ihnen Mut machen: „Lasst uns mit Gottes Hilfe die Sache anpacken!“ Bei den Taten geht es sicher nicht in erster Linie um die großen Dinge des Lebens, sondern gerade auch um die einfachen und alltäglichen Dinge. Konkret können wir dann sagen:

Mit Gott wollen wir Ermutiger sein.
Mit Gott wollen wir gute Finanzverwalter sein.
Mit Gott wollen wir Kraft und Energie einsetzen für das, was notwendig ist.
Mit Gott wollen wir zur Versöhnung beitragen.
Mit Gott wollen wir das Schwache stärken.
Mit Gott wollen wir Helfer in der Not sein.
Mit Gott wollen wir den Glauben bekennen und verbreiten.
Mit Gott wollen wir Liebe üben – gerade auch bei schwierigen Menschen.

Ja, es geht um unser Tun. Jesus hat dies deutlich formuliert, als er sagte: *„Seid aber Täter des Wortes und nicht allein Hörer“* (Jakobus 1,22). Doch Gott will uns bei unserem Tun Weisheit und Hilfe zukommen lassen. Deshalb werden es am Ende nicht unsere eigenen Taten sein, sondern unsere Gottestaten. Taten, die wir im Glauben und Vertrauen auf ihn ausüben und bei denen wir seine Hilfe und Unterstützung erfahren haben.

PSALM 61,3

**Vom Ende der Erde rufe ich zu dir,
denn mein Herz ist in Angst;
du wollest mich führen auf einen hohen Felsen.**

Im Land der aufgehenden Sonne

Als Missionare lebten wir für mehrere Jahre in Japan, also tatsächlich so ähnlich wie am Ende der Erde. Durch eine größere Spende aus Deutschland waren wir auf einmal in der Lage, für die kleine Gemeinde ein Gemeindehaus zu bauen. Ein Grundstück konnte auf Jahre hin gemietet werden, und dann nahmen die Pläne ihren Lauf. Schließlich kamen die Container mit dem Baumaterial aus Kanada. Nachdem eine japanische Firma das Fundament gegossen hatte, übernahmen zwei kanadische Zimmerleute den Rest der Hauptarbeit für den Rohbau. Für die anderen Arbeiten hatten wir um Bauhelfer aus Deutschland gebeten, die dann auch nach und nach eintrafen und viel dazu beitrugen, dass der Bau in Taketoyo gelingen konnte.

Allerdings ging es mir zwischenzeitlich nicht gut. Die vielen Entscheidungen, die zu treffen waren, die Mitarbeit am Bau und dann auch noch die geistliche Verantwortung für die Gemeinde, das überforderte mich. Einmal wurde mir nachts schwindlig und ich wurde ohnmächtig. Am nächsten Tag kam ich zu Untersuchungen ins Krankenhaus. Doch es musste weitergehen. Ein anderes Mal konnte ich das Auto gerade noch auf den Parkplatz des Gemeindehauses fahren und dann wurde mir wieder schlecht. Ich bat ein japanisches Gemeindeglied, das gerade am Bau war, mich nach Hause zu fahren. Da ich Jahre zuvor schon einmal einen Nervenzusammenbruch in Japan erlitten hatte, bekam ich Angst, dass sich dies wiederholen würde.

Als ich jetzt wieder diese Angst in mir spürte, bat ich meine Frau einige Male, mich ans nahegelegene Meer zu fahren und mich dort für ein paar Stunden allein zu lassen. In dieser Zeit am Meer suchte ich den Herrn. Ich erinnere mich noch, dass ich viele alte Lieder sang und betete. Vor allem die Lieder, die ich laut beim Spazierengehen am Meer sang, berührten und beruhigten mich. Und tatsächlich geschah es, dass es mir nach einigen Tagen am Meer besser ging und ich die Arbeit fortsetzen konnte. Es war wahrscheinlich die kritischste Phase nach dem erlebten Nervenzusammenbruch Jahre zuvor. Doch der Herr stellte mich dort am Meer wieder auf einen Felsen.

Eine weitere kritische Situation mussten wir überstehen, als sich herausstellte, dass einer der Helfer, die aus Deutschland gekommen waren, heimlich etwas Rauschgift geschluckt und auf diese Weise ins Land geschmuggelt hatte. Fast „zufällig“ entdeckten wir dies. Wenig später konfrontierten wir den jungen Helfer und machten ihm klar, dass wir ihn umgehend ins Flugzeug setzen würden. Wir informierten die Eltern und buchten den Rückflug um. Die nächsten Tage waren spannungsgeladen, denn wir wussten bis zum Schluss nicht, ob er sich nicht doch unseren Anweisungen widersetzen würde. Das kostete mich und meine Frau viel Kraft und Nerven. Wieder suchten wir Zuflucht im Gebet. Als ich dann mit ihm am Flughafen war und er endlich eingecheckt hatte, war ich dankbar und sehr erleichtert. Ich stand wieder auf dem Felsen.

Einige Monate später feierten wir die Einweihung des Gemeindehauses, das den Namen Grace Chapel bekam. Am Tage vor der Einweihung war noch ein Taifun übers Land gezogen, doch am Tag der Einweihung war der Himmel klar und himmelblau. Die Luft war rein, und wir erlebten einen Freudentag mit vielen Gemeindegliedern und Gästen. Für die Einweihung hatte unser Gemeindeteam einen Keramikteller für uns gestaltet, auf dem die Bibelworte aufgedruckt waren: *„Kommt her zu mir, alle, die ihr mühselig und beladen seid; ich will euch erquicken“* (Matthäus 11,28). Dieses Geschenk ist noch heute bei uns zu Hause in Gebrauch. Es erinnert uns an die Zeit, als wir den Herrn am Ende der Erde erlebten, er uns in vielen Situationen durchhalf und uns auf einen Felsen stellte. So wie es schon David und viele andere erlebten.

PSALM 62,6

**Aber sei nur stille zu Gott, meine Seele;
denn er ist meine Hoffnung.**

PSALM 63,2

**Gott, du bist mein Gott, den ich suche.
Es dürstet meine Seele nach dir,
mein Leib verlangt nach dir aus trockenem,
dürrem Land, wo kein Wasser ist.**

Ausgetrocknet

In mir ist alles Grünen und Blühen vertrocknet.
Da ist nichts Schönes mehr in meinem Seelengarten.
Besucher würden sagen: eine Wüste, farblose Einöde ...
und von Kakteen nur zwei Arten.

Was soll ich tun? In Gießkannen Wasser hineintragen?

Ich will geduldig mit dir, Jesus, auf Regen warten,
auf Leben für meinen toten Garten.
Will still mich in die Leere setzen,
mitten in deine Dennoch-Gegenwart.
Morgentau soll mir die Sinne benetzen,
der quillt aus deinem Wort und Rat.
In wunde, aufgerissene Erde-Spalten
wirst du starke Pflänzchen der Hoffnung setzen.
Mein Herz will deinem Atem lauschen,
bis sich am Himmel die Regenwolken bauschen.

Ich habe schon Lebenswüsten gesehen, die wurden grün.
Denn alle Saat und Samen sind in deiner Hand.
Wärme und Licht kommen aus dir,
voll geduldiger Wunder wandelst du dort und hier
die Gärten Deiner Seele in fruchtbares Land.

ES

PSALM 64,8

Da trifft sie Gott mit dem Pfeil, plötzlich sind sie zu Boden geschlagen.

Furchtlos

Der Psalm ist überschrieben mit den Worten: „Bitte um Schutz vor bösen Anschlägen". Und diese bösen Anschläge geschehen vor allem mit der Zunge. In Vers 4 lesen wir: *„… die ihre Zunge schärfen wie ein Schwert, mit ihren giftigen Worten zielen wie mit Pfeilen."*

Ich habe Wolfgang Dyck nur einmal predigen hören. Damals war ich Jugendlicher. Doch die Leidenschaft und die Überzeugung, mit der er sprach, faszinierten mich. Wahrscheinlich habe ich nie wieder einen solchen Menschen predigen hören. Etliche Jahre später hörte ich, dass er durch einen Verkehrsunfall ums Leben gekommen war.

Bevor er bei der Heilsarmee zum Glauben an Jesus fand, war er in Kinderheimen gewesen, wo er erst zum Schläger und später zum Kriminellen wurde. Für seine Straftaten saß er über zehn Jahre im Gefängnis. Nachdem er zum lebendigen Glauben an Jesus gekommen war, wollte er unbedingt von seinem Glauben weitersagen. Dazu bekam er eines Tages eine besondere Gelegenheit, als er einem christlichen Freiluftprediger am Hamburger HBF zur Hilfe eilte, weil dieser angepöbelt worden war. Er schreibt: „Eigentlich wollte ich mich nur aus Neugierde dazustellen. Ich wollte hören, was die Leute über und gegen den Mann sagen würden. Sie stritten miteinander, kritisierten, politisierten, und einige gossen ihren Dreckkübel über Kirche, Pastoren, Papst usw. aus. Sie erhitzten sich, und es fehlte auch nicht viel an schlagenden Beweisen mit der Faust."

Wolfgang Dyck mischte sich auf einmal ein und versuchte, die eine oder andere Antwort zu geben, die der Prediger den Zuhörern schuldig geblieben war. Doch schnell wurde er gebeten, selbst auf das kleine Podest zu treten und von dort aus weiter seine Antworten zu liefern. Die Versammlung wurde wenig später von der Polizei aufgelöst, weil die Masse zu groß geworden war. Als Wolfgang Dyck spät am Abend noch einmal an derselben Stelle vorbeikam, standen immer noch Leute herum und diskutierten. Sie erkannten ihn, und schnell stand er wieder im Fokus und wurde von den Passanten zu allen möglichen Themen befragt. Das war die Geburtsstunde seiner evangelistischen Tätigkeit. Es dauerte nicht lange, dann bekam er von der zuständigen Behörde die offizielle Genehmigung, jeden Sonntagabend ab 19 Uhr vor dem Bahnhof zu predigen.

Wie viel Spott musste er sich von nun an anhören. „Es kam vor," so schreibt er, „dass mitten in meine Predigt Passanten hineinriefen: ‚Geh arbeiten! Du lebst von unseren Steuern, du Pfaffe!' Oder: ‚He lücht, he spinnt!'" Einmal kam einer drohend auf ihn zu. In der Hand schwang er eine Schnapsflasche. Dann rief er: „Wenn du nicht gleich aufhörst, von deinem Jesus zu reden, dann haue ich dir diese Schnapsflasche in die Fresse! Wo war denn dein Gott, als wir in Stalingrad eingekesselt waren, wo war er denn, als meine Frau und Kinder im Bombenhagel umkamen? Wo war denn dein lieber Gott?" Wolfgang Dyck schreibt: „Ich predigte weiter und umso lauter von der Liebe Gottes. Der Mann verschwand für eine Weile. Als er dann zurückkam, war er wie verwandelt und überreichte mir ein Glas Wurst mit den Worten: ‚Du hast bestimmt zu Hause nichts zu beißen, deswegen stehst du hier.'"[10]

Zwei Jahre lang stand Wolfgang Dyck treu jeden Sonntagabend am Hamburger Hauptbahnhof, um leidenschaftlich von Jesus zu reden. Viele Pfeile wurden auf ihn gerichtet, gerade auch von sogenannten christlichen oder kirchlichen Menschen. Doch er war überzeugt, dass auch Gott seine Pfeile hatte, um Menschen niederzustrecken und zu überführen. Und dies durfte er immer wieder erleben. Gott stellte sich zu ihm und gab ihm die Gabe, eloquent, pointiert und mit starker Überzeugung die Fragen der Menschen aufzugreifen und zu beantworten. Dabei waren seine Bibel und Andachten von Spurgeon seine große Stärkung.

---

10 Auszüge aus dem Buch „Vom Knast zur Kanzel", W. Bühne, CLV

PSALM 65,8

**Du stillst das Brausen des Meeres,
das Brausen seiner Wellen
und das Toben der Völker.**

PSALM 66,16

Kommt her, höret zu alle, die ihr Gott fürchtet; ich will erzählen, was er an mir getan hat.

Erlebt in jungen Jahren

Schon als Kind interessierten mich die biblischen Geschichten. Gerne ging ich in den Kindergottesdienst, in die Jungschar, war bei Zeltmissionen im Kinderprogramm und lernte früh schon Bibelworte auswendig. Als ich 13 Jahre alt war, kam ein evangelistisches Team zu uns in den Ort. Im hiesigen Bürgersaal gab es Programme für die älteren Kinder und für die Erwachsenen. Ich nahm oft an beiden Programmen teil. Eines Abends fühlte ich mich sehr unwohl, denn das Thema der Predigt war ernst. Der Evangelist sprach von Himmel und Hölle. Als ich nach Hause kam, gab ich mein Leben ganz Jesus. Ich wollte gewiss sein, dass ich einmal in den Himmel kommen würde.

Am letzten Tag der Evangelisation lud der Evangelist die Zuhörer ein, zu bezeugen, wenn man in dieser Woche etwas mit Jesus erlebt hatte. Ein Schulkamerad saß neben mir. Mein Herz pochte heftig. Ich wusste, ich sollte auch aufstehen und etwas sagen. Nachdem ich mich mindestens 20-mal in meinem Innern vergewissert hatte, dass ich diesen einen Satz, den ich mir innerlich zurechtgelegt hatte, auch würde sagen können, stand ich im Kreis der vielen Erwachsenen meines Dorfes auf und sagte meinen Satz. So in etwa: „Ich bin wohl der Jüngste hier, der aufsteht, aber ich möchte auch mit Jesus leben." Viel mehr war das nicht. Ich setzte mich, und ein Strom großer Freude erfüllte mein Herz. Ja, ich war auf einmal von solch einer riesigen Freude erfüllt, dass ich die ganze Welt hätte umarmen können.

Eine wichtige Sache passierte ca. zwei Jahre später. Zu dritt waren wir im Jugendraum des Gemeindehauses und spielten Tischtennis. Als ich das Duell gegen meinen Dauer-Rivalen zu verlieren schien und Martin am Fenster stehend auch noch meinen Gegner lautstark unterstützte, warf ich plötzlich vor lauter Wut meinen Schläger mit halber Kraft in seine Richtung. Martin jedoch wich schnell zur Seite aus, und im nächsten Moment klirrte die große Fensterscheibe. Ich musste beim Pfarrer klingeln und den Schaden melden. Dann nahmen wir die Scheibe heraus und brachten sie auf einem Leiterwagen zum Glaser. Wenige Tage später war die Scheibe wieder drin. Kurz darauf, am Ende einer Jugendstunde, überreichte mir Pfarrer Jung einen Umschlag. Als ich ihn zu Hause öffnete, sah ich, dass darin eine Rechnung war. Die Rechnung der Scheibe. Ich meine, es waren ca. 60 DM. Als ich die Rechnung sah, dachte ich: „Aha, so viel hat die Scheibe also gekostet." Schnell schob ich aber den Gedanken beiseite, dass ich diese auch bezahlen sollte. Schließlich ist die Kirchengemeinde ja für solche Sachen versichert. Und so vergaß ich das Ganze. Es muss etwa zwei Jahre später gewesen sein. Da saß ich bei einem Freund zu Hause und unterhielt mich mit dessen Vater über die Jugendarbeit. Auf einmal erwähnte er etwas von einer unbezahlten Scheibe beim Glaser. Schnell war mir klar, dass das meine Scheibe von damals war und sie noch nicht bezahlt war. Das holte ich dann umgehend nach.

In dieser Zeit war ich Schriftsetzer-Lehrling. Mit knapp 19 Jahren ging ich anschließend auf die Bibelschule. Als ich eines Tages eine Predigt zum Thema „Zachäus ordnete sein Leben" vorbereitete, sprach der Herr zu mir. Ich erinnerte mich daran, dass ich in der Lehrzeit ab und zu kleine Dinge, wie Papier oder Bleistifte, aus der Druckerei hatte mitgehen lassen.

Als mir dies bewusst wurde, war mir klar, dass ich dies in einem Brief bekennen und dem Chef der Firma beichten sollte. Das tat ich auch, und wie froh war ich, als ich einige Wochen später eine sehr freundliche Antwort von ihm bekam. Ja, ich bin dankbar für das, was der Herr mir gezeigt, mich gelehrt und an mir getan hat seit meinen Kindertagen und will es, wie der Psalmbeter, gerne bezeugen.

PSALM 67,2-4.8

Gott sei uns gnädig und segne uns,
er lasse uns sein Antlitz leuchten,
dass man auf Erden erkenne deinen Weg,
unter allen Heiden (Gojim) sein Heil.
Es danken dir, Gott, die Völker,
es danken dir alle Völker. Es segne uns Gott,
und alle Welt fürchte ihn.

Das weite Herz Israels für die Völker

Dieser Psalm enthält ein Gebet Israels für die Völker. Israel will das erfahrene Heil und den Segen nicht für sich behalten. Es wünscht diese Heilserfahrung allen Völkern, allen „Gojim", d. h. auch den nichtisraelitischen Völkern, und betet um Ausstrahlung auf die Völker. Alle Arbeit im Reich Gottes beginnt mit Gebet. Denn wir sind ja nicht besser als andere Menschen und brauchen als Begnadete selbst Gottes Segen, um seine Segensgüter weiterfließen zu lassen. Denn *auf Erden* soll man Jahwes Weg erkennen, und *alle Völker* sein Heil, damit sie alle Gott danken.

Es ist schon erstaunlich, der aaronitische Segen, wie wir ihn aus dem 4. Buch Mose kennen, gehört zum kostbarsten Heilsgut Israels: ein Leben unter dem leuchtenden Antlitz Gottes. Und in diesem Psalm erbittet Israel diesen Segen für alle Völker: dass Jahwe auch ihr Gott wird und er sein Antlitz über sie leuchten lässt und sie auf Erden seinen Weg erkennen. Israel, Jahwes „erstgeborener Sohn", übernimmt seine Verantwortung für die Nachgeborenen und wird zum Segen für die Völker, für *alle* Völker.

Und das kann man heute schon sehen und bestaunen als Erfüllung von Amos 9,11-15. Israel ist wiederaufgebaut und beginnt, ein Segensträger für die Völker zu werden. Wie wird es erst sein, wenn die Menschen erkennen, WEN sie „durchbohrt" haben, und die Kreuzigungsmale an ihrem wiederkommenden Messias sehen (Sacharja 12,10-11)! Es wird zu einer nationalen Wehklage kommen, *„wie man klagt um das einzige Kind, und (sie) werden sich um ihn betrüben, wie man sich betrübt um den Erstgeborenen“* (Sacharja 12,10). Gott wird *„einen offenen Quell ... gegen Sünde und Befleckung“* (Sacharja 13,1) bereithalten. Nun kann Jesus von Israel aus *„König sein über alle Lande. An jenem Tag wird der HERR der einzige sein und sein Name der einzige“* (Sacharja 14,9).

Bleibt uns zu rufen: *„Amen, komm, Herr Jesus!“* (Offenbarung 22,20)

SV

PSALM 68,20

Gelobt sei der Herr täglich.

Täglich

Vor Kurzem las ich dieses Zitat in einem Buch: „Der Alltag ist der dramatische Schauplatz und die zentrale Wirkungsstätte eines wirklichen Lebens. Es gibt keinen Lebenssinn, keine Ideale und kein Glück jenseits des Alltags. Die Wiedererlangung einer grundlegenden Alltagskompetenz ist deshalb eine der großen Herausforderungen der heutigen Zeit“.[11]

Der Alltag wird in der Bibel auch mit dem Wort „täglich“ definiert. Dieser Ausdruck findet sich einige Male in der Bibel. Zehn dieser Verse möchte ich kurz zitieren.

- *„Du bist der Gott, der mir hilft; täglich harre ich auf dich.“* (Psalm 25,5)
- *„Gelobt sei der Herr täglich. Gott legt uns eine Last auf, aber er hilft uns auch.“* (Psalm 68,20)
- *„Wie habe ich dein Gesetz so lieb! Täglich sinne ich ihm nach.“* (Psalm 119,97)

11 Stephan Grünewald „Deutschland auf der Couch“, Campus Verlag)

- *„Unser tägliches Brot gib uns heute."* (Matthäus 6,11)
- *„Wer mir folgen will, der ... nehme sein Kreuz auf sich täglich und folge mir nach."* (Lukas 9,23)
- *„Und er lehrte täglich im Tempel."* (Lukas 19,47)
- *„Sie waren täglich einmütig beieinander."* (Apostelgeschichte 2,46)
- *„In diesen Tagen ... erhob sich ein Murren unter den griechischen Juden in der Gemeinde gegen die hebräischen, weil ihre Witwen übersehen wurden bei der täglichen Versorgung."* (Apostelgeschichte 6,1)
- *„Täglich sterbe ich."* (1. Korinther 15,31)

Das sind Leitgedanken für unser tägliches Leben. Sie sollen Freude, Wachstum und Glaubensgehorsam schenken. Wir können diese zehn Worte in vier Kategorien einteilen.

1. Tägliche Beziehung zu Gott pflegen:
- ihn loben
- über sein Wort nachdenken
- auf ihn harren

2. Tägliche Bereitschaft zeigen:
- mein Kreuz auf mich nehmen – ja sagen zu Lasten, ja sagen zu Gottes Wegen
- täglich sterben – das Eigene abgeben, damit das Neue von Christus hervorkommt und wächst.

3. Täglichen Dienst und Einsatz zeigen:
- Versorgung der Schwachen
- lehren, unterrichten

4. Tägliche Begegnung, täglichen Kontakt mit Christen suchen (auch im Gebet):
- zur Ermutigung und Festigung der Einmütigkeit.
- Gott freut sich, wenn wir unseren Alltag umarmen und ihm in dieser Weise dienen.

PSALM 69,2

Gott hilf mir!
Denn das Wasser geht mir bis an die Kehle.

Aus tiefer Not

Ich erinnere mich an einen Hauskreis, den ich Mitte der 70er-Jahre in England besuchte. Wir sprachen über das Gebet. Schnell wurde der Vorschlag unterbreitet, dass wir beim Gebet mit dem Danken beginnen sollten. Daraufhin erwiderte ich, dass es manchmal besser ist, mit der Bitte und der Last zu beginnen, die man verspürt. Genau in diese Kerbe sprach dann einer der Teilnehmer, indem er ein englisches Lied zitierte, in dem es heißt: „With my burden I begin."[12] Mit meiner Last beginne ich (mein Gebet) oder mit meiner Last komme ich zu dir. Im Psalm 69 finden wir dies bestätigt. Natürlich ist es gut und richtig, mit Loben und Danken zu beginnen. Doch es kann auch sein, dass wir in einer schwierigen oder verzweifelten Notlage sind, sodass wir tatsächlich als Erstes aussprechen oder auch schreien: „Herr, das Wasser geht mir bis an die Kehle."

In den folgenden Zeilen des Psalms beschreibt David diesen Zustand noch viel genauer. Der Boden wird ihm unter den Füßen weggerissen, die Flut scheint ihn wegzuspülen. Dabei hat er sich schon mächtig dagegen gewehrt: *„Ich habe mich müde geschrien, mein Hals ist heiser. Meine Augen sind trübe geworden"* (Vers 4).

Das Leiden, das so beschrieben wird, hat meist mit Menschen zu tun. So schreibt David: *„Sie treiben ihren Spott mit mir"* (Vers 12). Beim Lesen dieses Psalms kann ich buchstäblich die Stimme der verfolgten Gemeinde hören. So ähnlich muss es vielen ergehen. Sie haben sich eingesetzt: „Mit Eifer haben wir uns für deine Gemeinde (dein Haus) eingesetzt. Nun sind Menschen über uns hergefallen, das Wasser geht uns bis zur Kehle."

---

12 Come, My Soul, Thy Suit Prepare
Text: John Newton 1779

Sie selbst und womöglich ihre Familien sind in Lebensgefahr. Viele Menschen in der Verfolgung sind in dieser Lage. Doch was haben sie getan, dass man sie verurteilt, einsperrt und quält? In vielen anderen Ländern wären sie nie und nimmer verurteilt worden. Sie wurden verhaftet, weil sie eine Bibel besitzen, frei ihre Meinung gesagt haben, christliche Literatur verteilt oder eine christliche Gemeinde gegründet haben. Sie taten es in dem Wissen, dass sie dafür eingesperrt werden können.

David kennt nur einen Ausweg in seiner Lage: das Gebet. In Vers 14 schreibt er: *„Ich aber bete."* Er setzt seine Hoffnung auf den Herrn. Immer wieder sagt er: „Du kennst meine Lage." Und dann bricht es in kurzen Gebeten aus ihm heraus: *„Gott, hilf mir. Errette mich. Erhöre mich. Wende dich zu mir. Verbirg dein Angesicht nicht vor mir. Erhöre mich eilends. Nahe dich meiner Seele. Erlöse mich."*

Für mich wird hier deutlich: Ich kann Gott meine Situation radikal schildern. Ich darf mich aber auch daran erinnern, dass er meine Lage kennt, mich sieht und um mich weiß. Dann darf ich mit kurzen Gebeten um Hilfe rufen, ja, mitunter schreien, und dennoch bei allem Leid auch wie David den Ausblick wagen: *„Die Elenden sehen es und freuen sich. Die ihr Gott sucht, euer Herz lebe auf!"* (Vers 33).

Beim Lesen des Psalms fiel mir noch auf, dass dieser Psalm auch zum großen Teil das Leiden Jesu zwischen Gethsemane und Golgatha verdeutlicht:

Das Wasser geht mir bis an die Kehle.
Meine Augen sind trübe geworden,
weil ich so lange harren muss auf meinen Gott.
Die mich ohne Grund hassen,
sind mehr, als ich Haare auf dem Haupt habe.
Ich bin fremd geworden meinen Brüdern
(im Leiden ist Jesus den Jüngern fremd geworden).
Sie treiben ihren Spott mit mir.
Sie geben mir Galle zu essen und Essig zu trinken.
Sie verfolgen, den du geschlagen hast, und reden gern von dem Schmerz derer, die du hart getroffen hast.

Gebet: Danke, Herr, dass du für uns gelitten hast. Und danke, dass wir auch in unserem Leiden zu dir rufen, ja, sogar schreien dürfen. Du kennst unsere Lage, du wirst uns erlösen. Danke, Herr.

PSALM 70,5

Lass deiner sich freuen und fröhlich sein alle, die nach dir fragen.

PSALM 71,17

**Du hast mich von Jugend auf gelehrt,
und noch jetzt verkündige ich deine Wunder.**

Fragen an meine Mutter

Wie ist dir als Kind der Glaube nahegebracht worden?
Ich erinnere mich, wie ich mit zehn Jahren im Schwarzwald auf einer christlichen Freizeit in Zavelstein war. Zuerst fiel es mir schwer, allein dort zu sein, dann aber habe ich mich bei der liebevollen Betreuung sehr wohlgefühlt. Wir haben viel gesungen, und es gab für jedes Kind ein eigenes Heft mit Bibeltexten, Geschichten und Bildern zum Ausmalen. Mit einer der Mitarbeiterinnen habe ich dann im Zelt gebetet und Jesus gebeten, in mein Leben zu kommen. Das Datum habe ich in meine Bibel geschrieben, die ich immer noch habe.

Was war gut und bleibend, was eher negativ in deiner Kindheit und Jugendzeit?
In der Freizeit konnte ich den Glauben als etwas Schönes erleben. Gottesdienste habe ich als Kind jedoch als furchtbar langatmig erlebt. Ich war sonntagmorgens mit meinem Vater in der Kirche, anschließend eine Stunde in der Sonntagsschule und am Nachmittag noch eineinhalb Stunden mit meinen Eltern in der Bibelstunde. Das Warten aufs Amen und die langwierigen, predigenden Gebete waren eine einschläfernde Geduldsprobe meiner Kindheit.

Von meinen Eltern habe ich den Glauben in strenger Form erlebt. Bei ihnen war Gott einer, der streng und strafend ist und den man gnädig stimmen musste mit entsprechend bravem Verhalten. Im Rückblick kann ich aber sagen, dass sich trotz einiger negativer Einflüsse vieles zum Guten entwickelt hat. Die Übung des Zuhörens, die Gewohnheit des Gottesdienstes, das Singen der Lieder und vor allem die positiven Glaubensvorbilder haben meinem Glauben ein

Fundament gegeben. In meiner Jugend- und jungen Erwachsenenzeit lernte ich durch meinen Mann eine freiere und mich befreiende Form des Christseins kennen.

Wie lebst du heute deinen Glauben?
Was ich als Kind negativ empfunden habe, möchte ich anders leben. Gebete beispielsweise halte ich kurz, alltagsorientiert und persönlich. Auch möchte ich auf ansprechende Art und Weise christliche Inhalte weitergeben, beispielsweise in der Leitung unserer örtlichen Frauenfrühstückstreffen. Dabei ist es mir wichtig, gläubige Referentinnen einzuladen zu Themen, die ermutigen, im täglichen Leben Jesus zu begegnen und den Glauben zu leben. Dabei soll die Verkündigung der frohen Botschaft auch „froh" sein, begeistern, interessant und praktisch sein. Jesus soll der Mittelpunkt des Alltagslebens sein.

Wofür bist du dankbar?
Ich erlebe schon viele Jahre den Segen, einen wunderbaren Ehemann zu haben, der zugleich mit unerschöpflicher Geduld Therapeut für mich war. Meine vier Kinder sind eine große Freude für mich. Ich habe Bewahrung in schwierigen Situationen erlebt und kleine und große Wunder.

Was möchtest du anderen weitergeben?
Ich möchte weitergeben, dass es gut ist, in der Gewissheit zu leben, ein geliebtes Kind Gottes zu sein – auch ohne Werke und Aktionismus. Ich habe erfahren, dass sich ein Leben mit Jesus positiv auf das alltägliche Leben auswirkt. Die Bibel lese ich heute mit anderen Augen – bewusster, mehr auf mich bezogen, mit Parallelen zu meiner Lebenserfahrung. Und ich beobachte im Lauf der Jahre immer mehr, dass Gott wirklich recht hat mit dem, was er in seinem Wort sagt, und manches sich im Nachhinein noch bestätigt.

EI, Fragen stellte ES

PSALM 72,18

Gelobt sei Gott der Herr, der Gott Israels, der allein Wunder tut!

Gotteswunder

Die Geschichte Israels ist voller Wunder. Von vielen wird uns im Alten Testament berichtet. Die Wunder Gottes geschahen oft im Hinblick auf die Wegführung des ganzen Volkes. Das bekannteste und spektakulärste davon ist der Auszug aus Ägypten und der Durchzug durch das Rote Meer. Erst im Neuen Testament sehen wir vermehrt, dass Gottes wunderbares Wirken gerade auch dem einzelnen Menschen gilt: dem Menschen, der sucht und der sich ausstreckt nach der starken Hand Gottes.

Wie sieht es heute bei uns aus? In vieler Hinsicht kann man sagen: Ja, der Mensch unserer Tage ist ein wundergläubiger Mensch. In unserem Sprachgebrauch jedenfalls reden wir von Naturwundern, von technischen Wundern, von medizinischen Wundern und mitunter auch von sportlichen Wundern. Auch Wunder in der jüngsten Geschichte können wir hervorholen, wie zum Beispiel den Fall der Berliner Mauer ohne Blutvergießen. Oder die Entstehung des Staates Israel nach dem Zweiten Weltkrieg und andere Ereignisse, die im Volk Israel geschehen sind.

Etwas problematischer scheint es dagegen für viele Menschen, an ein Gotteswunder zu glauben. Doch darum geht es in der ganzen Heiligen Schrift. Dort werden die Wunder Gott zugeschrieben. Sein wundersames Eingreifen im Lauf von Tausenden von Jahren wird in Hunderten von Bibelstellen dokumentiert.

Warum fällt es dem Menschen von heute so schwer, an Gotteswunder zu glauben? Nun, zum einen ist der Glaube an Gott längst nicht mehr so stark in der Bevölkerung verankert wie in biblischen Zeiten. Und zum anderen braucht es geöffnete Augen, um die Wunder Gottes wahrzunehmen. Das wusste auch der Psalmbeter von Psalm 119, als er betete: *„Öffne mir die Augen, dass ich sehe die*

Wunder an deinem Gesetz." Und genauso, wie es der Psalmbeter formuliert hat, so beginnt auch unsere Augenöffnung für die Wunder Gottes dort, wo wir das Wort Gottes lesen. Hier lernen wir die großartigen Gedanken Gottes kennen. Hier entdecken wir das Reden Gottes und sein Handeln. Hier sehen wir deutlich, wie er eingreift und Menschen herausrettet und heilt. Wir entdecken, wie Gott sich den Menschen zu erkennen gibt und wie er in verschiedenen Situationen durch seine Wunder entweder Gericht oder Gnade austeilt.

Dabei ist das größte Wunder ja immer auch, dass ein Mensch zum Glauben findet und erfährt, dass Gott ihm seine Schuld vergibt. Dort, wo dies geschehen ist, da ist es nicht schwer, die Wunder Gottes damals und heute zu entdecken und über sie zu staunen.

PSALM 73,23

**Dennoch bleibe ich stets an dir;
denn du hältst mich bei meiner rechten Hand.**

Unterwegs

Ich verrate Ihnen die Nummer auf meinem Autokennzeichen: 7323. Das ist ein Hinweis auf diesen Psalm: 73, Vers 23. Eine Erinnerung, dass es sich unter allen Umständen lohnt, an Gott festzuhalten.

„Dennoch." So beginnt dieser Vers. Dieses „Dennoch" ist sperrig und ungewöhnlich und befremdlich. Aber gerade dadurch ist es so bemerkenswert und stark und aussagekräftig. Denn wie kommt man dazu, trotz allem Schweren, das man erleben muss, so aus voller Überzeugung zu rufen: „Dennoch"?

Wie gesagt, dieser Psalmvers ist meine Autonummer. Immer, wenn ich mit dem Auto unterwegs bin, will ich mich daran erinnern: Es mag vieles geben, das mich von Gott wegbringen will. Aber ich habe mich entschieden, bei ihm zu bleiben, was auch passiert. Denn nur ihm traue ich es zu, dass er mich auch dann noch bei meiner rechten Hand hält, wenn sonst niemand mehr da ist.

So wird manche Autofahrt zu einem Bild für mein Leben: Nicht immer geht es geradeaus. Manche scharfe Kurve fordert mich heraus und zwingt mich, mein Tempo zu reduzieren. Manche Steigung macht mir zu schaffen und lässt mich fragen, wie lange ich das noch durchhalte. Manchmal geht es auch steil bergab – und das ist nicht nur angenehm, sondern ein echter Test für meine Bremsen. Vertraue ich darauf, dass sie mich festhalten, wenn unten im Tal plötzlich eine Kurve kommt? Vertraue ich darauf, dass Gott mich auffängt, wenn ich bis ganz unten gefallen bin?

Und nicht alle Menschen, die wie ich unterwegs sind, meinen es gut mit mir. Manche nehmen mir unfairerweise die Vorfahrt. Andere drängeln von hinten, obwohl ich schon so schnell fahre, wie es nur erlaubt ist. Wie reagiere ich? Es fällt mir schwer, auf mein Recht zu verzichten.

Manchmal bin ich derjenige, der einen Fehler macht. Der sich provozieren lässt. Der ein Verkehrsschild übersieht und dann die Situation falsch deutet. Wird mein Fehlverhalten Konsequenzen haben? Werde ich einen Unfall bauen? Und dann?

Wie bei einer Autofahrt passiert auch auf meinem Lebensweg viel Unvorhergesehenes: Unrecht, das mir angetan wird; Fehler, die ich begehe. Lasse ich deswegen das Auto stehen? Nein, nächstes Mal fahre ich wieder. Im Vertrauen darauf, dass es jetzt gut werden wird. Gebe ich mein Vertrauen auf Gott auf, wenn in meinem Leben Schleudergefahr herrscht? Nein, hoffentlich nicht, sondern ich bleibe mit ihm unterwegs. Er hält mich auch weiterhin.

Es ist dieses trotzige „Dennoch", das mich am 73. Psalm fasziniert. Mit solcher Entschlossenheit und Unbeirrbarkeit, mit solchem Mut und Gottvertrauen will ich unterwegs bleiben. Was auch passiert.

Und wenn Sie mal mein Auto an der Nummer 7323 erkennen: Denken Sie daran, dass wir alle auf unserm Weg solche Erinnerungszeichen brauchen: Gott hält uns bei der rechten Hand.

KP

PSALM 74,4

Deine Widersacher brüllen in deinem Hause und stellen ihre Banner auf als Zeichen des Sieges.

Widerstand in dunkler Zeit

Es gab eine Zeit, da wurden in unzähligen Häusern unseres Landes, auf Plätzen und in Palästen menschenverachtende Parolen gebrüllt. Es wurden starke Befehle ausgegeben, um Machtziele Einzelner zu erreichen. Im Namen einer teuflischen Ideologie wurden Zeichen, Symbole, Gesten, Fahnen und Lieder eingesetzt, um die Massen zu verführen. Selbst Geistliche, Kirchen, das Friedenskreuz Jesu und der christliche Glaube wurden in Beschlag genommen und für eine kriegerische Propaganda missbraucht.

Doch es gab auch etliche, die sich dem widersetzten. Unter ihnen war der Theologe Dietrich Bonhoeffer. Nach reiflichem Überlegen wurde er ein aktives Mitglied der Widerstandsbewegung. „Man muss dem Rad in die Speichen fallen." Dieser Satz war es, der in ihm die Überzeugung festsetzte, dass man sich Hitler und dem Machtapparat um ihn herum aktiv widersetzen musste. Notfalls auch mit den Mitteln der Gewalt. Es wäre nicht genug, sich nur um die Opfer zu kümmern. Dort, wo etwas aus den Fugen geraten ist, muss man den Verursacher stoppen. Diese Gedanken führten ihn dahin, selbst einen Menschen zu segnen, der bereit war, die tödliche Bombe bei Hitler anzubringen.

Bonhoeffer erkannte, dass Gott dem Bösen nicht in dem Maße und in der Art und Weise Widerstand leistet, wie wir das vielleicht von ihm erwarten. Und doch war er der festen Glaubensüberzeugung: „Gott ist auch im Dunkeln da, wenn wir nichts von ihm sehen und hören." Wenige Tage nach dem gescheiterten Attentat schrieb er an einen Freund, dass er darauf verzichten wolle, Gott zu verstehen, sich aber entschieden habe, ihm dennoch zu vertrauen.

Ja, das gilt auch für uns. Wenn wir einen Menschen gut kennen, dann können wir darauf verzichten, ihn immer verstehen zu wollen, dann können wir ihm auch dort vertrauen, wo er etwas unternimmt, was wir nicht verstehen und begreifen.

Bei Gott ist das in noch viel größerem Maße der Fall. Wir müssen nicht alles verstehen, aber dennoch können wir darauf vertrauen, dass er im Regiment sitzt. Gott ist ein souveräner Herrscher und hat seinen Plan gegen alles Gebrüll und gegen alle Feindeszeichen schon gemacht. Er weist auch das Böse immer wieder in seine Schranken. Inwieweit wir aufgerufen sind, ähnlich wie Bonhoeffer aktiven Widerstand zu leisten, das muss in jedem Einzelnen als Glaubensüberzeugung heranreifen. Doch für jeden Christen gilt, dass wir im Zeichen des Kreuzes unser Leben führen. Und wir brüllen nicht, sondern bezeugen und verkündigen, dass Jesus das Licht der Welt ist. Und deshalb brauchen wir auch das Dunkel nicht zu fürchten. Er ist bei uns. Sein Licht leuchtet uns durch alle Dunkelheit hindurch.

PSALM 75,4

Die Erde mag wanken und alle, die darauf wohnen, aber ich halte ihre Säulen fest.

Dienstag, 11. September 2001. Um 8.30 morgens New Yorker Zeit war die Welt noch in Ordnung. Millionen waren in der Mega-Metropole auf den Beinen. Allein drei Millionen strömten nach Manhattan oder waren dort schon angekommen, um mit der Arbeit oder Schule zu beginnen. Doch zwischen 8.30 Uhr und 10.30 Uhr passierte Unvorstellbares, und die Welt hielt den Atem an. Die zwei Türme des World Trade Centers stürzten nach einem Terroranschlag ein und begruben knapp 3000 Menschen unter sich. Die Erde wankte. Und sie wankt immer wieder, doch Gott ist es, der ihre Säulen festhält – und er hält auch uns fest, wenn wir uns ihm ganz anvertrauen.

PSALM 76,12

Tut Gelübde dem Herrn, eurem Gott, und haltet sie.

Führungen Gottes

Meine Eltern waren Flüchtlinge aus Ostpreußen. Sie hatten alles verloren. Auf einem Bauernhof nahe Dinkelsbühl fing mein Vater als Knecht wieder ganz von vorne an. Doch er sah es als seine Berufung, dort zu helfen. Ein paar Jahre später lernte er seine zukünftige Frau (meine Mutter) kennen. Meine Eltern lebten und arbeiteten auf dem Hof. Mit der Zeit wurde die Familie größer. Von den neun Kinder, die nach und nach geboren wurden, war ich das älteste Mädchen. Pflichten zu erfüllen war eine tägliche Lektion. Der Gehorsam meinen Eltern gegenüber prägte auch meinen Glauben. Ich respektierte ihre Entscheidungen und später auch die Entscheidungen meiner Vorgesetzten.

Gern hätte ich einen anderen Beruf erlernt, doch ich musste zu Hause mithelfen und meine jüngeren Geschwister mit versorgen. Dorfhelferin konnte ich dann lernen. Der Schwerpunkt dieses Berufes liegt bei hauswirtschaftlichen Tätigkeiten. Als ausgebildete Dorfhelferin musste ich später oft die Bäuerin ersetzen, wenn diese krank war oder die Arbeit vorübergehend nicht mehr bewältigen konnte. Als ich hörte, in welcher Gegend ich nach der Ausbildung meine ersten Dienstjahre verbringen sollte, war ich sehr enttäuscht.

Es war eine entlegene Gegend in Oberfranken, nahe der damaligen DDR-Grenze. Der Anfang dort war sehr schwer. Zuerst verstand ich nicht so recht, warum ich nicht auch woanders sein konnte, doch ich fügte mich und blieb vor Ort. Es wurde mir zum Segen, weil es einen richtigen Aufbruch unter den jüngeren Jugendlichen gab.

Nach einigen Jahren wollte ich mich allerdings beruflich verändern. Ich hatte schon eine Zusage von der neuen Stelle erhalten, als ein neuer Jugendreferent in die Gemeinde kam und sich in der Jugendarbeit engagierte. Wenig später verliebten wir uns, und alle meine Pläne änderten sich von heute auf morgen.

Das Ziel von Werner war Japan, denn dort hatte er schon mit der Mission OM und dem Schiff Logos gearbeitet. Sobald ich Ja sagte zu ihm, sagte ich damit auch Ja zu dem Weg, den Gott ihm gewiesen hatte. Als wir im August 1981 heirateten und ich das Ja vor dem Traualtar sprach, war dies ein Gelübde ihm und Gott gegenüber. Ich ahnte, dass es schwer werden könnte, dieses Gelübde zu erfüllen. Doch ich wusste auch wieder, es war der Weg, den Gott mir gewiesen hatte.

Wenig später bestätigte mir der Herr in seinem Wort, dass er nicht nur meinen Mann, sondern auch mich in den Missionsdienst berufen hatte. Das Wort aus Johannes 15 traf mich: *„Nicht ihr habt mich erwählt, sondern ich habe euch erwählt und bestimmt, dass ihr hingeht und Frucht bringt“* (Vers 16). Wenige Monate später gaben wir Gott und Menschen erneut ein Versprechen, ihm in der Missionsarbeit in Japan zu dienen.

Von meiner Kindheit an war es kein leichter Weg, und es gab manche Last zu tragen. Der Gehorsam Gott und Menschen gegenüber war mir sehr wichtig und hat mich Wege geführt, die ich nie für möglich gehalten hätte, und mir Erfahrungen geschenkt, die mein Leben geprägt haben. In allem bin ich Gott für seine Durchhilfe bis zum heutigen Tag sehr dankbar.

SchG

PSALM 77,14

Gott, dein Weg ist heilig. Wo ist ein so mächtiger Gott, wie du, Gott, bist?

Größe Gottes

Corrie ten Boom hat einmal gesagt: „Unsere Zeit leidet an verkleinerten Vorstellungen von Gott." Das scheint mir ein wesentliches Problem unter Christen zu sein. Und genau dies gilt es bei uns immer wieder zu überprüfen. Glauben wir an einen großen, allmächtigen Herrn oder haben wir ihn in unserem Denken verkleinert? Als unser Sohn einmal vom Religionsunterricht nach Hause kam, erzählte er, dass die Religionslehrerin über die Wunder Jesu gesagt habe, man müsse sich nicht krampfhaft bemühen, ein Wunder als tatsächliches Geschehen anzusehen. Es genüge, wenn man die Kernaussage aus der Geschichte herausfände. Ich denke, ein Problem dieser Lehrerin ist, dass sie sich keinen allmächtigen Gott vorstellen kann.

Aber schon das Volk Israel hatte damit seine Probleme. Zwar hatten die Israeliten erlebt, wie Gott sie aus Ägypten führte, wie er das Meer teilte und sie in der Wüste versorgte, sie sogar in einer Wolken- und Feuersäule begleitete und schützte. Am Berg Sinai aber, als Mose einige Tage auf dem Berg weilte, da kam ihnen die Idee, den allmächtigen Gott in ein goldenes Kalb zu verwandeln. *„Das sind deine Götter, Israel, die dich aus Ägyptenland geführt haben!"* (2. Mose 32,4), riefen sie und tanzten um das geschaffene Götzenbild herum.

Das aber ist das Urprinzip des Götzenbildes, dass ich Gott in eine sichtbare und begreifbare Form hineinpresse. Auf seinen Missionsreisen erlebte Paulus dies wiederholt. Als er in Athen weilte, sah er viele Götzenbilder und Altäre. In seiner Predigt machte er klar, dass Gott nicht greifbar ist. Er sagte: *„Der Höchste wohnt nicht in Tempeln, die mit Händen gemacht sind"* (Apostelgeschichte 7,48). In Lystra, nachdem Gott durch die Hand der Apostel ein Heilungswunder vollbracht hatte, wurden Paulus und Barnabas sogar als vom Himmel herabgestiegene Götterwesen verehrt. Die Menschen nannten

Barnabas Zeus und Paulus Hermes. Ganz vehement wehrten sich die beiden dagegen und machten klar, dass auch sie nur normale Menschen seien. Gleichzeitig aber verwiesen sie die Umstehenden auf die Kraft und Macht des großen Gottes, dem sie dienten.

Aus einem Gott einen Götzen, aus einem großen und allmächtigen Gott einen kleinen und doch eher in seiner Macht begrenzten Gott zu machen, in dieser Gefahr stehen auch wir als Christen vor allem dann, wenn wir Gott fast ausschließlich als Erfüller unserer Wünsche ansehen. Dort, wo ich hauptsächlich ich-bezogene Gebete und Wünsche formuliere, mache ich letztlich Gott zum Götzen. Ich degradiere Gott und mache aus ihm einen Wunscherfüller. Und immer dann, wenn ich eine höhere Macht für meine Angelegenheiten brauche, dann bete ich zu ihm und will genau das haben, was ich mir wünsche. Das ist eine Art christlich gefärbter Götzendienst.

Damit wir Gottes Größe und Allmacht wieder neu entdecken, ist es wichtig, dass wir den Blick weiten und erkennen: Gott ist nicht in erster Linie mein privater Gott und Glücksbringer. Nein, er ist der Herr aller Völker, aller Kulturen, der Herr der ganzen Welt. Er ist der ewige Gott und Vater, der Schöpfer des Himmels und der Erde. Er ist nicht nur und auch nicht in erster Linie bei mir und meiner Gemeinde am Werk. Vielmehr ist er es in aller Welt. Gerade ein Blick über mich und meine Gemeinde hinaus, hinein in die Völkerwelt, ist hier sehr wichtig. Gott darf niemals ganz begreifbar werden für mich. In vieler Hinsicht muss er mir rätselhaft bleiben. Der Psalmbeter sagt dies mit den Worten: *„Dein Weg ist heilig."* Das bedeutet auch, dass ich vieles nicht begreifen werde, es entzieht sich meinem Denkem und Verstehen. So war es auch in vieler Hinsicht für Israel: Unverständlich die lange Knechtschaft in Ägypten. Unverständlich die Wegführung durch die Wüste. Unverständlich, dass der Messias in einem kleinen Stall zur Welt kam, als Wanderprediger unterwegs war und den Kreuzestod erleiden musste.

Eines aber ist auch klar. Wer sich in das Wort Gottes vertieft, in der Weltgeschichte nachforscht und sowohl Bücher als auch Berichte aus anderen Teilen der Welt liest, wo Gott am Werk ist, der wird dieselbe staunende Frage stellen wie der Psalmbeter: *„Wo ist ein so mächtiger Gott, wie du, Gott, bist?"* Wie sagte doch jemand: „Wir brauchen nicht in erster Linie einen großen Glauben, sondern einen Glauben an einen großen Gott." Wie wahr.

PSALM 78,72

Er weidete sie mit aller Treue und leitete sie mit kluger Hand.

Fremdenführer

Dieser Vers ist der letzte Vers des Psalms 78. Er fasst noch einmal zusammen, wie Gott seinem Volk in den vergangenen Zeiten zugewandt war. Wie ein guter Hirte suchte er für sie Land- und Lebensmöglichkeiten. Interessant finde ich hier den Ausdruck: *„Er leitete sie mit kluger Hand."*

Ich erinnere mich an eine Begebenheit, die meiner Frau und mir passierte, als wir frisch verheiratet waren und für einige Monate in Amerika lebten. Wir hatten uns für einige Tage bei einer Familie in Washington angemeldet. Da wir erst spät am Abend zu ihnen kommen konnten, nahmen wir uns vorher Zeit, die eine oder andere Sehenswürdigkeit in der Stadt anzuschauen.

Ich hatte eine gute Beschreibung, wie wir zum Haus der Familie kommen würden, deswegen war ich relativ unbesorgt, das Haus zu finden. Wir fuhren los und befanden uns bald auf der angegebenen Straße. Doch das große Schild, an dem wir abbiegen sollten, fanden wir nicht. Und so fuhren wir mal hierhin und mal dorthin, ohne Erfolg. Auf einmal waren wir im Abendverkehr der Stadt, und die Benzinnadel zeigte verdächtig nach unten. Voller Verzweiflung suchten wir einen Platz zum Anhalten. Schließlich konnten wir von der Hauptstraße abbiegen und landeten auf einem großen Parkplatz. Die Stimmung war gereizt. Meine Frau machte mir Vorwürfe, denn sie wäre gerne viel früher losgefahren, damit wir mehr Zeit gehabt hätten, die Adresse zu suchen. Jetzt war es schon recht spät, die Dunkelheit setzte ein, und wir waren ratlos. Auf einmal kam ein Auto auf den Parkplatz, ein Mann stieg aus, und mit verzweifelter Miene bat ich ihn um Hilfe. Er schaute mich ruhig an und fragte zuerst, ob ich denn wüsste, wo wir gelandet seien. Nein, sagte ich. Da meinte er, wir wären hier auf dem großen Besucher-Parkplatz des Pentagons (des Verteidigungsministeriums). Doch gleich darauf sagte er, er müsse erst etwas erledigen, wäre aber in ca. 20 Minuten wieder hier und würde uns helfen. Und so geschah es, er kam zurück und fuhr uns voraus. Nach gut 20 Minuten Fahrt sahen wir das große Schild. Wir bogen hinter ihm ab, er lenkte uns in die richtige Straße und hielt an. Wir fuhren neben ihn, kurbelten das Fenster herunter, und dann meinte er: „Ihr müsst jetzt nur noch die Hausnummer finden." Wir waren überglücklich, bedankten uns sehr herzlich, und seine letzten Worte waren: „God bless you" (Gott segne euch).

Ja, es ist gut, wenn wir uns nicht selbstherrlich auf unsere kluge Hand und unseren klugen Verstand verlassen und uns gerade auch im Versagen jeden Tag neu seiner klugen und segnenden Hand anvertrauen. Wer sich davon leiten lässt, dem gelingen auch kluge Handlungen, Handlungen, die Gott die Ehre geben und den Menschen zum Segen werden.

PSALM 79,8

Rechne uns die Schuld der Väter nicht an, erbarme dich unser bald, denn wir sind sehr elend.

Gottes Erbarmen

Der Psalm ist überschrieben mit den Worten: „Klage über die Zerstörung Jerusalems."

Immer dort, wo Krieg herrscht und Städte zerstört werden, entsteht ein schreckliches Elend. Die Bilder in den Nachrichten lassen kaum erahnen, wie es Menschen geht, die vor den Trümmern ihrer Häuser und Existenzen stehen.

Auch Jerusalem wurde im Lauf der Geschichte etliche Male zerstört. Selbst Jesus prophezeite die Zerstörung, die dann auch 70 n. Chr. durch die römischen Truppen geschah.

Gleich im ersten Satz von Psalm 79 macht der Schreiber darauf aufmerksam: *„Gott, Heiden ... haben deinen heiligen Tempel entweiht und aus Jerusalem einen Steinhaufen gemacht."*

Und dann wird das Elend, das mit der Zerstörung einherging, deutlich beschrieben. Das Nächste, was der Schreiber konstatiert, ist dies: *„Wir sind bei unsern Nachbarn zur Schmach geworden, zum Spott und Hohn bei denen, die um uns her sind"* (Vers 4).

Neben dem ganzen Elend ist die Nation auch noch zum Gespött geworden. Das verursacht seelischen Schmerz und bringt Glaubenszweifel hervor. Wo war Gottes Schutz, warum hat er das zugelassen? So schreibt auch der Psalmbeter: *„Wie lange, Herr, willst du immerfort zürnen?"* (Vers 5). Dem Psalmbeter ist klar, dass Gott bei der Zerstörung seine Hand im Spiel hatte. Und er möchte eine Antwort, eine Erklärung. In seinem menschlichen Gerechtigkeitsgefühl bittet er Gott, doch auch bei den heidnischen Völkern ein Strafgericht zu vollziehen: *„Schütte deinen Grimm auf die Völker, die dich nicht kennen, und auf die Königreiche, die deinen Namen nicht anrufen. Denn sie haben Jakob gefressen und seine Stätte verwüstet"* (Vers 7). Das ist sicher nicht im Sinne Jesu, dass wir für Andersgläubige Schaden erbitten. Im Gegenteil, Jesus sagt: *„Liebt eure Feinde ... bittet für diejenigen, die euch beleidigen"* (Lukas 6,27-28). Dennoch können wir hier, wie auch bei anderen Psalmworten, sehen, dass wir Gott auch unsere abgründigen Gefühle und Gedanken bringen dürfen. Wir müssen uns nicht verstellen.

Doch der Psalmbeter lässt auch keinen Zweifel daran, dass das eigentliche Elend die Sünde ist. Einmal die Schuld der Väter, dann aber auch die eigene Sünde: *„Errette uns und vergib uns unsre Sünden um deines Namens willen"* (Vers 9). Ob uns das auch immer wieder bewusst ist, dass unser eigentliches Elend die eigene Sünde ist, die sich Gottes Wort und Geist widersetzt? Ja, auch wir brauchen das Erbarmen Gottes jeden Tag neu. Es ist erstaunlich, wie viele

Themen dieser Psalmbeter in den wenigen Zeilen anbringt. Ganz zum Schluss kommt er auf das zurück, was ihm in seinem Elend große Hoffnung macht, wenn er schreibt: *„Wir aber, dein Volk, die Schafe deiner Weide, danken dir ewiglich und verkünden deinen Ruhm für und für" (Vers 13).* In allem inneren und äußeren Elend, dessen wir uns bewusstwerden und in das wir hineingestellt sind, gibt es einen, der uns die Schuld vergibt und der uns herausreißen kann und wird. Er ist in unser Elend gekommen, um uns aus dem Elend zu führen. Diese Erfahrung drückt auch Philipp Friedrich Hiller in seinem bekannten Kirchenlied aus:

Mir ist Erbarmung widerfahren,
Erbarmung, deren ich nicht wert;
das zähl ich zu dem Wunderbaren,
mein stolzes Herz hat's nie begehrt.
Nun weiß ich das und bin erfreut
und rühme die Barmherzigkeit.

Gott, der du reich bist an Erbarmen,
reiß dein Erbarmen nicht von mir
und führe durch den Tod mich Armen
durch meines Heilands Tod zu dir;
da bin ich ewig recht erfreut
und rühme die Barmherzigkeit.[13]

13 Mir ist Erbarmung widerfahren
Text: Philipp Friedrich Hiller 1767

PSALM 80,4

Gott, tröste uns wieder und lass leuchten dein Antlitz, so ist uns geholfen.

Ermutigung

Wir sind oft schnell dabei zu sagen: „Ich brauche keinen Trost“ oder „auf diesen Trost kann ich gerne verzichten“, weil wir uns für dieses Bedürfnis schämen. Auch der „Trostpreis“ hat einen abwertenden Klang. Was machen wir nun mit unserem Trostwort? Wie können wir dieses Wort stärker wahrnehmen? Ja, wie können wir es als Schatz und Kostbarkeit anerkennen und uns danach ausstrecken, so wie der Psalmbeter es tut?

In der Elberfelder Bibel steht für „trösten“: *„Gott, stelle uns wieder her.“* Damit Gott uns wiederherstellt, brauchen wir viel Ermutigung, und so würde ich diese Gebetsbitte für den Menschen von heute umformulieren in: „Gott, ermutige uns wieder.“ Ich finde, das passt, denn in der Ermutigung steckt auch ganz viel Trost. Und Ermutigung ist die Grundlage dafür, dass wir aufgerichtet und wiederhergestellt werden. Ermutigung bedeutet auch eine Energiezufuhr, damit ich etwas Neues in Angriff nehmen kann. Das Beispiel eines Schweizer Predigers ist mir hier zur Hilfe geworden. Er hat für sich festgestellt und zu sich selbst gesagt: „Ich will nicht mehr beten: ‚Herr, zerbrich mich‘“, wie er es früher oft von älteren Brüdern gehört hatte. Vielmehr ist es ihm wichtig geworden zu beten: „Herr, ermutige mich.“ Das ist es, wonach er sich sehnt und ausstreckt. Und das habe ich auch für mich so übernommen. Immer wieder mal bete ich: „Herr, ermutige mich.“ Ich will mich dessen nicht schämen, dass ich Ermutigung brauche, denn ich weiß: Ermutigung tut gut. Durch Ermutigung gewinne ich Mut, Energie und Freude. In Sprüche 15,15 übersetzt Luther: *„Ein guter Mut ist ein tägliches Fest.“*

In der zweiten Bitte wünscht sich der Psalmbeter das leuchtende Angesicht Gottes. Auch hier gibt einer offen zu: „Ich brauche Genesung. Für meinen Geist, meine Seele und meinen Leib.“ Ja, der

Psalmbeter wusste etwas von der heilenden Wirkung des Angesichts Gottes. Dort, wo es uns leuchtet, da geht uns ein Licht auf. Da bekommen wir Klarheit. Da gewinnt unser Leben Schönheit. Das Angesicht Gottes ist seine Nähe. Damit sagt er: „Ich bin mit dir und bin dein Licht und dein Heil. Vertraue dich mir ganz an." Passend zu dieser Bitte zitiere ich ein Gedicht von Stefanie (ES):

Ich steh mit dem Gesicht zur Sonne,
ich steh mit dem Gesicht zu dir.
Ich dreh mich um,
und auch im Schatten bist du hier.
Ich geh zurück,
und du bist hinter mir.
Wo auch immer ich bin,
ich bin bei dir.

PSALM 81,14

Wenn doch mein Volk mir gehorsam wäre.

Bekennen

Als ich Schriftsetzer-Lehrling in der Druckerei war, wurde ich eines Tages zum Aushelfen in die Buchbinderei geschickt. Dort saß ich an einem kleinen Fließband und half, gedruckte Blätter auf einem Band übereinanderzulegen, damit diese am Ende zu einem kleinen Heft zusammengetackert werden konnten. Während wir so dasaßen, sang ich leise einen neuen christlichen Schlager vor mich hin. Ohne dass es mir bewusst war, hörten die Umstehenden und um mich herum sitzenden Angestellten, dass ich vor mich hin sang. Auf einmal meinte Buchbinder Fischer mit kräftiger Stimme: „Sing uns doch mal etwas laut vor." Im nächsten Augenblick kreisten meine Gedanken um das eben gesungene Lied und um die Frage: „Kann ich das jetzt einfach so vorsingen?"

In meinem Denken spielte ich alles schnell durch und war schließlich nicht abgeneigt, das Lied vorzusingen. Bei meiner schnellen inneren Überprüfung dachte ich vor allem daran, ob ich die Melodie denn beherrschte, damit sich das Ganze dann einigermaßen ordentlich anhören würde. Als die Aufforderung noch ein weiteres Mal und noch dringender und von mehreren Personen an mich herangetragen wurde, gab ich mir einen inneren Ruck und fing an zu singen. Doch erst im Lauf des Liedes merkte ich, dass dieser Song es in sich hatte und davon sprach, dass jeder eines Tages mit seinem Leben vor Gottes Thron stehen wird. Und so sang ich kräftig und überzeugend das ganz Lied durch.

Ich hatte das Lied kaum zu Ende gesungen, da entbrannte eine heiße Diskussion, bei deren Verlauf ich mein Christsein bezeugte und in Aussicht stellte, einmal als Missionar im Ausland zu arbeiten. Herr Fischer griff diesen Gedanken auf und meinte spöttisch, ich würde dann wohl bei den Kannibalen im Suppentopf landen. Als ich später in meine Schriftsetzer-Abteilung zurückkam, wurde ich mit den Worten empfangen: „Na, hast du sie bekehrt?" Über diesen Kommentar war ich aber keineswegs unglücklich. Im Gegenteil, ich war froh, dass einige spürten, dass es genau darum ging, sich zu Gott zu bekehren. Spätestens von da an wussten die meisten in der Firma um meinen Standpunkt, und so kam es dann auch hin und wieder zu interessanten Diskussionen.

Ja, es lohnt sich, gehorsam zu sein, auch wenn es nicht immer leicht ist.

Und es stimmt, wenn wir die Furcht vor Menschen und der Welt überwinden und dieser inneren Stimme gehorchen, werden wir erleben, dass wir mit unserem Tun Gott die Ehre geben und er sich zu uns stellt. Genauso, wie Jesus es gesagt hat: *„Wer nun mich bekennt vor den Menschen, zu dem will ich mich auch bekennen vor meinem Vater im Himmel"* (Matthäus 10,32).

PSALM 82,3

Schaffet Recht dem Armen und der Waise und helft dem Elenden und Bedürftigen.

PSALM 83,19

**So werden sie erkennen,
dass du allein der Höchste bist
über die ganze Erde, Herr ist dein Name.**

Orangen-Erkenntnis

Ja, es ist erstaunlich, wie Menschen dahin kommen, dass sie Gott erkennen. Manche haben ihn im Kriegsgeschehen erkannt, andere durch einen Traum oder in einer Krise. Nicht wenige erkennen ihn, wenn sie eine Predigt oder das Lebenszeugnis eines anderen Christen hören oder wenn sie selbst das Wort Gottes lesen und spüren, dass Gott sie zu einer lebendigen Beziehung einlädt. Manchmal geschieht das Erkennen auch auf eine ganz ungewöhnliche Art und Weise.

Mich hat einmal folgende Geschichte berührt, die ich in einem japanischen Buch gelesen habe. Sie passierte auf einem Schiff, das zwischen England und Amerika unterwegs war. Auf ihm war der Prediger F. B. Meyer, der biblische Vorträge hielt. Mit ihm waren viele Christen an Bord. Einige Passagiere waren aber auch Atheisten. Doch selbst diese besuchten oft die Vorträge von F. B. Meyer. Als einer dieser Atheisten wieder einmal zum Vortrag ging, sah er auf Deck eine alte Frau auf einer Bank sitzen. Sie hatte die Augen geschlossen und die Arme weit nach links und rechts ausgebreitet. „Ein herziges Bild", dachte der Atheist. Schnell packte ihn der Schalk. Er eilte in seine Kabine, und als er wieder an Deck war, legte er ganz vorsichtig zwei Apfelsinen links und rechts neben das Mütterchen auf die Bank. Dann ging er zu dem Vortrag, der bereits begonnen hatte. Doch schon bald ärgerte er sich wieder über die Predigt. Außerdem juckte es ihn zu erfahren, wie es denn der Frau inzwischen ergangen war. Von Neugier getrieben verließ er den Konferenzsaal, um an Deck nachzusehen. Dort angekommen sah er, wie das Mütterchen gerade genüsslich die zweite Apfelsine verzehrte. „Na, Mütterchen", sprach er sie an, „woher hast du denn die saftige Apfelsine?" –

„Ach, die hat Gott mir gegeben", antwortete diese. Nun, da war er natürlich ganz anderer Meinung. „Wirklich Gott? Wie soll das denn passiert sein?", fragte er. „Ich weiß es nicht", antwortete sie.

Der Atheist wollte eben anheben, die Sache aufklären und den naiven Glauben des Mütterchens erschüttern, als diese ihm Folgendes erzählte: „Ach, wissen Sie, junger Mann, mir ging es die letzten drei Tage gar nicht gut. Ich war seekrank. Heute fühlte ich mich zum ersten Mal etwas besser. Und vorhin, bevor ich auf der Bank hier eingeschlafen war, da habe ich zu Gott gebetet: ‚Herr, ich würde jetzt so gerne etwas Saftiges essen, vielleicht eine Orange.' Und dann bin ich eingeschlafen. Als ich aufwachte, da lagen zwei Orangen bei mir. Sehen Sie, Gott hat mein Gebet gehört und mir diese Orangen gegeben. Denken Sie das nicht auch?" Der Atheist war sprachlos und zog sich in seine Kabine zurück. Dort dachte er über das Ganze nach und musste feststellen, dass Gott ihn als Atheisten dazu gebraucht hatte, einer Frau das Gebet zu erhören. Daraus folgerte er, dass an dem christlichen Glauben doch etwas dran sein musste. Fortan ging er interessiert zu den Vorträgen und fand zum lebendigen Glauben an Jesus. Als das Schiff losgefahren war, war er ein überzeugter Atheist gewesen. Als das Schiff in Amerika ankam, war er ein überzeugter Christ. Gott hatte bei ihm das Gebet, das Zeugnis einer einfachen, alten Frau und die Predigten eines Bibellehrers gebraucht.

PSALM 84,6

Wohl den Menschen, die dich für ihre Stärke halten und von Herzen dir nachwandeln.

Lebensschränke

Immer noch habe ich die fröhlichen Weihnachtslieder im Ohr: „Oh, du fröhliche", „Stille Nacht", „Hört der Engel helle Lieder" ... Bei einer kurzen Andacht auf einer Party kurz vor Weihnachten konnte ich es den Menschen zurufen: „Weihnachten – die beste Party aller Zeiten!“ Und Gott lädt uns ein! Die Feier am Heiligen Abend mit meiner Familie war wunderschön, warm und voller Weihnachtslicht.

Und hier stehe ich nun am zweiten Weihnachtsfeiertag um 20.45 Uhr ganz unerwartet im Wohnungsflur einer jungen Gymnasiallehrerin. Eine Freundin hat den geplanten Umzug in ihrer Mail am frühen Abend erwähnt. Das Umzugsunternehmen kommt am nächsten Tag früh um 7 Uhr, um alles abzutransportieren. Es ist aber kaum etwas gepackt. Jetzt müssen die Sachen aus der Küche dringend noch in die Kisten. Wir fangen gleich an, ich öffne die erste Schranktüre und blicke in bis in den letzten Winkel vollgestopfte Fächer ... Es begegnen mir säuberlich ausgekratzte Nutellagläser, stapelweise zusammengefaltete Verpackungen von Kuchenmischungen, unzählige Wurst- und Farmersalatschälchen, in denen jeweils eine Bodenschicht bunter Gummibärchen angeordnet ist. Von oben aus dem Hängeschrank hole ich einen Teller herunter, auf dem ein halb aufgegessenes Weihnachtsplätzchen liegt. Eine Tüte verklebter, auslaufender Bonbons begegnet mir, ein angebrochener Schokoriegel und immer wieder leere Verpackungen. In mir wird es immer stiller, und es wächst die Frage: „Weshalb sammelt diese intelligente Frau leere Verpackungen, sortiert ihre Süßigkeiten in kleine Schälchen und schiebt angeknabberte Lebensmittel oben in den Schrank?“ Im Bücherregal stehen Bücher über griechische Sprache und Mythologie sowie dicke Ordner schweren Inhalts eines studierten Geistes. Diese packe ich, nachdem ich mit der Küche fertig bin, in Kartons, die Fußball-Sammelbildchen dazwischen und die Überraschungsei-Figuren in kleine Tüten. Später gehe ich nachdenklich nach Hause.

So viel leerer Inhalt in vollen Schränken. So viel sortierte Sehnsucht in Schälchen. So viel gesammelte Hoffnung auf Leben in die letzten Lücken gequetscht. So ganz ohne weihnachtliche Freude. Es wird mir bewusst, wie leer die Herzens-Regale ohne Jesus sind – wie inhaltslos in ihrer leeren Fülle.

Und wenn ich jetzt mich selbst frage? Jesus wohnt in meinem Herzen und Leben. Er bringt Licht, Freude, Hoffnung und gute Vorräte hinein, von denen ich zehre. Doch auch in meinem Leben gibt es Schränke, die ich mit Unwichtigem vollstopfe, hineinpacke, was mir

Sinn zu machen scheint ... Zu viel Materielles, einige leere Kontakte, unnütze Tätigkeiten, die meine Zeit wegfressen ...

Ich möchte neu lernen, offen und ehrlich in meine „Lebensschränke" hineinzuschauen und Jesus zu fragen, ob ich das Richtige drin habe. Gut wäre doch Sattmachendes für die Seele, Sinnvolles für das alltägliche Leben und Hoffnungsvolles, das mich zuversichtlich handeln und Feste feiern lässt.

Herr, ich will mehr nach dir fragen beim Füllen meiner Lebens-Schränke. Stehe du neben mir und hilf mir, dass ich hineinpacke, was wirklich nährt und satt macht. Die Böden und Fächer meiner Herzens-Regale und -Schränke sollen sich füllen mit echtem Leben, mit deiner Liebe, mit dir selbst für mich und andere. Damit deutlich wird, dass du meine Stärke bist und ich dir von Herzen nachfolge.

ES

PSALM 85,9

Hören will ich, was Gott, was der Herr reden wird. (ELB)

Gottes Stimme in uns

Wie oft haben wir uns schon gewünscht, Gottes Stimme stärker und klarer zu vernehmen. Das ist auch ein legitimer, ein wichtiger Wunsch, den wir täglich in uns tragen sollten. Nicht nur in Zeiten der Not, wenn wir das Reden und den Trost Gottes besonders nötig haben, sondern auch an ganz normalen Tagen dürfen wir diesen Wunsch in uns tragen und Gott darum bitten: „Rede, Herr, ich will hören." Ich habe den Eindruck, dass immer mehr Christen das Wort der Bibel vernachlässigen, weil sie meinen, Gott würde zu ihnen ja in inneren Bildern reden. Gerade neulich, in einer Diskussion im Hauskreis, war von Menschen die Rede, welche, bevor sie auf jemanden zugehen, um ihm das Evangelium zu sagen, erst ein Bild in ihrem Inneren sehen wollen, um dann genau diese Person anzusprechen, die sie in einem inneren Bild zuvor schon gesehen haben. Dass Gott hier und da auch durch Bilder zu Menschen reden kann, steht außer Frage. Aber dies darf keine gängige Methode sein. Sonst hätte Gott uns ein Bilderbuch hinterlassen und nicht ein dickes Buch mit Wörtern, die wir im Geiste bewegen können.

Meiner Erfahrung nach redet Gott in erster Linie in meine Gedankenwelt hinein. Dort setzt er leise seine Impulse, und mir wird klar: Dies oder jenes ist jetzt dran. Meist merke ich erst im Nachhinein: „Aha, da hat mir der Herr wohl diesen Auftrag gegeben."

Ein schönes Beispiel las ich von einem amerikanischen Pastor. Er verbrachte einen Tag der Stille auf dem Wasser in einem Boot. Er wollte Gottes Stimme hören. Am Ende des Tages hatte er aber noch nichts Konkretes vorzuweisen. Als er an Land gehen wollte, sah er eine leere Bierflasche im Wasser schwimmen. Innerlich hörte er die Mahnung: „Hol die Flasche heraus."

Als er später seiner Familie Bericht erstattete und diese voller Neugier darauf wartete, was Gott ihm denn alles gesagt hätte, da meinte er: „Ich habe heute nur eine Sache von Gott gehört. Er hat mir gesagt, ich soll die Flasche aus dem Wasser holen und entsorgen." Er konnte das Ganze dann für sich weiter deuten, und ihm war klar, dass es auch darum geht, Gottes wunderbare Schöpfung zu bewahren.

Gott ist kein Dauerredner und auch kein Maler, der uns ganz viel in Bildern sagen will. Nein, er ist ein kluger Pädagoge und will ganz individuell zu uns reden. Das tut er zumeist durch die Bibel, durch Predigten, geistliche Lieder, aber auch ganz individuell durch Impulse und Gedanken, die er uns eingibt. Deshalb ist es gut, wenn wir lernen, auf seine Stimme zu hören, denn Jesus hat uns ja versprochen, dass wir seine Stimme erkennen, als er sagte: *„Meine Schafe hören meine Stimme"* (Johannes 10,27). Ob wir seine Stimme vernehmen, liegt vor allem auch daran, ob wir bereit sind, das zu tun, was er uns als Meister und Lehrer aufträgt. Je stärker wir in dieser Haltung leben, umso mehr werden wir erfahren: „Gott redet zu mir und gibt mir Aufgaben, die ich ausführen kann."

PSALM 86,11

**Weise mir Herr, deinen Weg,
dass ich wandle in deiner Wahrheit.**

Verändert

Schon früh in meiner Kindheit fühlte ich mich außen vor, so als ob ich nicht dazugehörte. Andere bekamen mehr Taschengeld als ich und konnten sich daheim tolle Filme anschauen, die ich nicht sehen konnte (wir hatten keinen Fernseher). Ich habe mich dadurch innerlich abgewandt von meiner Familie, und wie ich heute weiß, auch von meinem Schöpfer. Ich dachte, man wolle mir alles verbieten, was Spaß, Freude und Vergnügen bereitet.

Die Folge war, dass ich mich aufmachte, um mir das zu holen, was mir meiner Meinung nach zustand. Ich ging in die Heimlichkeit, in die Verleugnung und Lüge. Bei all dem war ich angetrieben von Selbstmitleid und rechtfertigte mich für mein Tun oft selbst. Ich war der Meinung: „Alle sind irgendwie gegen mich, und ich werde unfair behandelt." Auch Gott, an den meine Eltern glaubten, schien gegen mich zu sein.

So fing ich an zu stehlen, mir ohne Erlaubnis Dinge zu kaufen und in meinem Zimmer zu verstecken. Jedes Mal, wenn ich Geld aus dem Geldbeutel meiner Mutter oder meines Vaters nahm, sagte ich mir: „Ich zahle ja irgendwann alles wieder zurück." Oder: „Es ist ja nur dieses eine Mal, und ich tue es nie wieder." Dabei habe ich es doch immer wieder getan. So verstrickte ich mich immer tiefer in mein Doppelleben. In meinem Innersten aber wollte ich Menschen gefallen. Ich fing an, den anderen etwas vorzuspielen. Vor Christen konnte ich den fast perfekten Christen spielen. Vor Atheisten erzählte ich nichts von meinem Glauben, der trotz allem zart in mir vorhanden war, und verhielt mich auch nicht entsprechend. Ich tat alles, um zu gefallen und Anerkennung zu bekommen. Ich lästerte über andere, machte schlechte Witze und passte mich immer an die Menschen in meiner Umgebung an. Das Ergebnis war, dass eine echte Verbindung zu Menschen immer unmöglicher wurde. Ich konnte mich nicht geliebt und angenommen fühlen, da ich ja nie wirklich echt war.

Nachdem ich meine Frau kennengelernt und wir geheiratet hatten, fingen wir an, jeden Sonntag in eine Gemeinde zu gehen und jeden Mittwoch einen Hauskreis zu besuchen. In dieser Zeit habe ich angefangen, mein Innerstes, alles, was sich bisher nur in meinem Kopf abgespielt hatte, nach außen zu tragen. Das war und ist nicht immer einfach. Für mein Ego war das überhaupt nicht gut. Meine Wahrheit lautete oft: „Das geht nur Gott und mich etwas an." Doch das ist nicht die Wahrheit, von der die Bibel spricht. In Gottes Wahrheit zu wandeln bedeutet für mich, alles ans Licht zu bringen. Ich brauche dafür andere Menschen, denen ich mich anvertrauen kann. Ich schaffe das nicht allein. Zweimal die Woche führe ich ein Telefonat mit einem guten Freund, in dem wir uns gegenseitig Denk- und Verhaltensmuster erzählen, die uns von Gott trennen. Oft verlieren die zweifelhaften Dinge in dem Moment die Kraft, wenn ich sie vor meinem Freund ausspreche. Manchmal muss ich aber auch handeln. Mit der Hilfe und Ermutigung meines Mentors konnte ich meinen Eltern meine Diebstähle gestehen und ihnen das Geld zurückgeben. Wenn ich merke, dass ich nicht die Wahrheit sage, dann ist es am besten, wenn ich das so schnell wie möglich berichtige.

Mein Leben hat sich komplett verändert. Ich bin ein neuer Mensch geworden. Gott hat mir seinen Weg und seine Wahrheit gezeigt. Ohne ihn kann ich meine Fehler nicht einmal sehen. Heute gibt es nichts Wichtigeres und Schöneres für mich, als in seiner Wahrheit zu wandeln. Er nahm mir meine Schuld und Scham. Früher dachte ich: Ich tue schlechte Dinge, deshalb ich bin ein schlechter Mensch. Heute weiß ich, dass Jesus mich angenommen hat und ich mit ihm auf dem Weg bin. Jeden Tag kann ich dazulernen. Als Geschenk erhalte ich seinen Frieden. Ich muss mich nicht mehr verstellen. Ich bekomme Liebe und Anerkennung in erster Linie von ihm und nicht von Menschen. Und ich kann und darf so sein, wie ich bin, muss es aber mit Jesu Hilfe nicht bleiben. Und bei all dem ist Jesus immer da. Er geht mit mir. Er weist mir seinen Weg, dass ich wandle in seiner Wahrheit! Ich gehöre zu ihm!

GM

PSALM 87,7

Und sie singen beim Reigen: Alle meine Quellen sind in dir!

Liebeserklärung

Mit diesen Worten drückt der Psalmbeter seine Liebe zu Jerusalem und zu Zion aus. In Vers 3 schwärmt er förmlich von diesem Ort: *„Herrliche Dinge sagt man von dir, du Stadt Gottes."* Es ist eine Liebeserklärung an seine Heimat.

Das hat es schon immer gegeben und gibt es auch heute noch, dass Menschen in großer Heimatliebe sagen: „Alles habe ich meiner Heimatstadt oder meinem Heimatland zu verdanken. Dort sind alle meine Quellen." Meine Mutter mit ihren 92 Jahren würde dies wahrscheinlich auch sagen. Bis auf zwei Jahre in einem Seniorenheim an einem anderen Ort wohnte sie ihr Leben lang in ihrem Dorf. Sie kannte viele Geschichten und vor allem auch die Verwandtschaftsverhältnisse von sehr vielen Leuten. Ihre ganzen Erinnerungen waren mit der Schule, der Kirche, den Nachbarn und ihrem Zuhause sowie mit den Äckern und Weinbergen um das Dorf herum verknüpft. „Alle meine Quellen sind in dir" drückt also zunächst einmal die große Liebe zur Heimat aus.

Ein reicher Geschäftsmann würde aber vielleicht seine Liebe eher beim Geld sehen, das er durch seinen Erfolg verdient hat und das ihm Wohlstand, Luxus, Ansehen und Möglichkeiten für neue Geschäftsideen eingebracht hat. Seine erste Liebe gilt womöglich der Geldquelle.

Andere, die ein Leben lang in der gleichen Firma gearbeitet und gute Erfahrungen gemacht haben, werden vielleicht bei der Verabschiedung aus der Firma sagen: „Alles, was ich erreicht habe, das habe ich dieser Firma zu verdanken." Sportler und Sportlerinnen, die ihr Leben lang einem Verein treu geblieben sind, können sagen, dass der Verein ihnen alles bedeutet.

Wieder andere ziehen den Kreis enger und machen ihrer Familie eine Liebeserklärung, wenn sie sagen: „Meine Familie ist mein Ein und Alles."

Und nicht wenige Verliebte und Verheiratete würden behaupten: „Mein Partner ist das Wichtigste in meinem Leben." Und sie würden wohl sagen, dass jeder Tag ohne ihn/sie ein verlorener Tag sei.

Wenn es ihn gäbe, dann würde ich bei nächster Gelegenheit gerne einen Button an meiner Kleidung anbringen, auf dem dieser Satz steht: *„Alle meine Quellen sind in dir."* Und wenn einer mich dann fragen würde, was ich damit meine, dann könnte ich ihm sagen: „Alle meine Quellen sind in Jesus. Er ist meine Rettung und Hilfe." Das habe ich schon oft erlebt. Unter anderem in meiner Krankheitszeit und in meiner Arbeitslosigkeit. Er ist meine Weisheit und Sicherheit. Er ist mein innerer Friede, der mir Trost und Gelassenheit und innere Ruhe schenkt, selbst wenn es brenzlig wird. Er ist mein Ankerplatz in allem Umbruch und in aller Vergänglichkeit des Lebens. Er ist meine Reinheit. Dort, wo er mir mein Unrecht, meine Schuld und Sünde vergibt, erfahre ich es. Er ist meine Stärke. Selbst wenn ich schwach bin, hat er immer noch Kraft und Stärke, die er mir durch sein Wort, seinen Geist und gute Fügungen zukommen lässt. Und nicht zuletzt ist er meine Hoffnung auf eine andere, eine bessere Welt.

Wie schön, dass auch einige neuere Lieder diesen Aspekt stärker aufgreifen. Mir kommen da gleich zwei Songs in den Sinn, die vielleicht aus diesem Bibelwort heraus geboren wurden. Das eine heißt: „Leben aus der Quelle, leben nur aus dir." Und das andere: „Alle meine Quellen entspringen in dir." . In Jesus ist alles, was ich für mein Leben brauche. Für meinen Mangel steht mir sein Reichtum zur Verfügung.

Deshalb ist dieses Wort für mich eine Liebeserklärung an Jesus, meinen Herrn und Meister. Und das Schöne ist, dass wir das nicht nur sagen oder singen können, sondern wir dürfen es ausprobieren und im Alltag erfahren, heute und an jedem Tag, der noch vor uns liegt, dass alle unsere Quelle in ihm sind.

PSALM 88,2-5.9-10

Herr, Gott, mein Heiland,
ich schreie Tag und Nacht vor dir.
Lass mein Gebet vor dich kommen,
neige deine Ohren zu meinem Schreien.
Denn meine Seele ist übervoll an Leiden,
und mein Leben ist nahe dem Totenreich.
Ich bin denen gleich geachtet,
die in die Grube fahren,
ich bin wie ein Mann, der keine Kraft mehr hat.
Ich liege gefangen und kann nicht heraus,
mein Auge vergeht vor Elend.
Herr, ich rufe zu dir täglich;
ich breite meine Hände aus zu dir.

PSALM 89,39.40

**Aber nun hast du verstoßen und verworfen …
Du hast zerbrochen den Bund mit deinem Knecht
und seine Krone entweiht in den Staub.**

In Krisen geraten

Das kann Gott doch nicht machen! So schreit es aus uns heraus, wenn uns Krisen ereilen und Katastrophen packen: der Bescheid des Arztes von einer lebensbedrohlichen Krankheit. Der Zerbruch einer Beziehung. Ein Unfall, der unsere Lebensmöglichkeiten massiv einschränkt.

Auch im großen Geschehen dieser Welt und in unseren Gemeinden gibt es solche Ereignisse: Tausende Menschen kommen bei Naturkatastrophen um. Blühende Gemeinden spalten sich und lösen sich auf.

Schlimmeres noch passiert in unserem Psalm: Gott bricht scheinbar seinen Bund mit dem Volk Israel. Und er verstößt das Königshaus Davids, an das er sich für ewig gebunden hatte. Er wirkt Unheil. So steht es hier in der Heiligen Schrift. Und das trifft uns ins Mark. Der wahre, lebendige Gott zerstört. *„Geschieht etwa ein Unglück in der Stadt, und der HERR hat es nicht getan?"*, fragt der Prophet Amos (Amos 3,6). Die Befehle zum Loslassen der Endgerichts-Katastrophen gibt das Lamm (Offenbarung 6,1; 8,1) und der, der auf dem Thron sitzt (Offenbarung 16,1): unser Gott und Herr.

Ja, der wahre und lebendige Gott ist heilig (Psalm 22,4). Er hat auch eine Seite, die wir nicht verstehen und die uns dunkel vorkommt. Er zerbricht Pläne und Wünsche. Du darfst in deiner Beziehung zu Gott auch verzweifeln und ratlos schreien. Wie Jesus am Kreuz. Gerade mit Jesus aber widerlegt der lebendige Gott alle unsere Zerbrüche und Katastrophen und die der ganzen Welt. So wie Gott auch Israel und das Haus David nicht verwirft.

Jesus von Nazareth, Jude und Sohn Davids. Bei dem ist alles hell. Der bringt uns keine kleine, heile Bürgerwelt. Aber der opfert sich für uns und zieht uns durch unseren Tod hindurch in den Himmel. Als Heiliger Geist gibt er uns die absolute Gewissheit ins Herz: „Gott ist für uns, gerade da, wo er uns erschüttert." Die Jesus-Fakten zählen. Stärker als alles nie zu verstehende Leid und alle Tränen dieser Erde. Ganz sicher.

BPL

PSALM 90,12

Lehre uns bedenken, dass wir sterben müssen, auf dass wir klug werden.

Letzte Worte

Schon immer hat es mich interessiert, welches denn die letzten Worte waren, die eine bekannte und berühmte Person ausgesprochen hat. Beim Nachforschen stieß ich unter anderem auf folgende Aussagen. Kaiser Nero, der Christenverfolger, starb mit 31 Jahren. Er soll gesagt haben: „Welch ein Künstler geht mit mir." Königin Elisabeth I (1533–1603) wollte sich nicht trennen von dieser Welt und seufzte: „Alle meine Reichtümer für noch einen Augenblick." Der Philosoph Friedrich Hegel (1770–1831) war in der Sterbestunde nachdenklich und meinte: „Nur ein Mensch hat mich jemals verstanden", und nach einer Pause fügte er resigniert hinzu: „Und auch der verstand mich nicht." Der Schauspieler John W. Palmer brach während einer Theateraufführung zusammen, nachdem er diesen Text gesprochen hatte, der zu seinem Theaterstück gehörte: „Es gibt eine andere, eine bessere Welt."

Was werden unsere letzten Worte sein? Wie werden wir auf unser Leben zurückblicken und es beurteilen? Dieses Thema und diese Tatsache verdrängen wir gerne. Nein, auf das Ende des Lebens wollen wir jetzt noch nicht den Fokus richten. Selbst im hohen Alter nicht. Vor allem auch, weil wir ja meist noch rüstig sind und noch manchen Wunsch haben, den wir uns erfüllen möchten.

Sicher, theoretisch wissen wir, dass das Ende plötzlich kommen kann, und doch denken wir: „Mich wird es ja schon nicht so schnell treffen." Nun, vielleicht geht es auch dem Psalmbeter so. Vielleicht hat auch er noch viele Pläne und spürt, dass ihn irdisches Denken und Tun gefangen nehmen. Und vielleicht ruft er gerade deshalb um Hilfe, dass der Herr, der Schöpfer selbst, ihm immer wieder diese unumstößliche Lehre ins Bewusstsein rückt, dass er einmal sterben muss.

Es ist erstaunlich, wie oft diese Bitte in den Psalmen auftaucht: „Herr, lehre mich." Als Kinder Gottes wissen wir, dass wir dem Psalmbeter gegenüber einen großen Vorteil haben, denn der Heilige Geist wohnt in uns, will uns lehren und uns in alle Wahrheit leiten. So gesehen haben wir ja den göttlichen Lehrmeister in uns. Doch eines bleibt auch uns nicht erspart: dass wir diese konkrete Bitte auch ganz persönlich und von Herzen an Gott richten. Es geht also nicht nur darum, dass wir ganz am Ende ein Fazit ziehen und uns mit einem möglichst denkwürdigen Satz von dieser Welt verabschieden. Nein, es geht auch nicht nur um das reine Wissen, dass mein Leben irgendwann, vielleicht auch früher, als mir lieb ist, ein Ende nehmen kann. Es geht dem Psalmbeter mitten im Leben darum, dass die Vergänglichkeit sein Denken und Handeln entscheidend mitprägt. Der Herr soll ihn lehren, damit es ihm zu einer Lehre wird. Das, was uns der Herr zu diesem Thema sagt, soll Konsequenzen für unser Leben haben. Aber was für welche?

Wie könnte die praktische Lehre für uns aussehen? Darum geht es. Das gilt es herauszufinden. Ganz sicher gehört es dazu, ein stärkeres Bewusstsein dafür zu bekommen, dass meine Zeit begrenzt ist. Und da hat uns das Wort Gottes einiges zu sagen. Jesus ermutigt uns, als Erstes nach dem Reich Gottes zu trachten und Schätze im Himmel zu sammeln, weil eben das nach-irdische Leben ein viel kostbareres sein wird. Während wir hier säen und ausstreuen, uns mühen und einsetzen, dürfen wir dort in der Ewigkeit die Ernte schauen. Paulus ermutigt die Christen, die Zeit auszukaufen. Und den Römern schreibt er, dass die Leidenszeit hier auf Erden begrenzt ist und kein Vergleich darstellt zu der Herrlichkeit, die auf uns wartet. Das Klugwerden, von dem der Psalmbeter spricht, ist sicher nicht mit einem Mal getan. Es muss immer wieder neu in unser Bewusstsein rücken, dass wir hier nur Gast sind und unser wahres Zuhause noch auf uns wartet. Wir tun gut daran, unser Leben im Blick auf dieses Ende zu bedenken und den Herrn ganz konkret zu bitten, uns zu zeigen, was für uns dran ist, was wichtig ist. Auch an diesem Tag heute.

PSALM 91,1.2.4

Wer unter dem Schirm des Höchsten sitzt und unter dem Schatten des Allmächtigen bleibt, der spricht zu dem Herrn: Meine Zuversicht und meine Burg, mein Gott, auf den ich hoffe. Er wird dich mit seinen Fittichen decken und Zuflucht wirst du haben unter seinen Flügeln.

Beschützt und beschirmt,
getröstet und getrost,
umfangen und umgeben,
in deiner Gegenwart.

ES

PSALM 92,14.15

**Die gepflanzt sind im Hause des Herrn,
werden in den Vorhöfen unsres Gottes grünen.
Und wenn sie auch alt werden, werden sie
dennoch blühen, fruchtbar und frisch sein.**

Beobachtet

Als ich in einer der hinteren Reihen auf einem Stuhl Platz genommen habe, sehe ich sie, vorneüber gebeugt, in sich zusammengesunken, still. Ihr Haar ist schulterlang und grau, mit weißen Fäden durchzogen. Es verdeckt ihr Gesicht wie ein Vorhang und gibt den Blicken nur ihr Ohr frei. Die Frau sitzt in ihrem Rollstuhl. Bei ihr ist ein Mann. Er ist der Frau zugewandt. Seine Augen sind auf sie gerichtet, seine ganze Aufmerksamkeit gehört nur ihr. Auf seinem Gesicht liegen trauriges Strahlen, ergebene Weichheit, lebendige Wärme.

Er kniet sich neben den Rollstuhl, spricht etwas in das Ohr der Frau und hält sein Ohr dann dicht an ihren Mund. Er erhebt sich und rückt ein Kissen, das an ihrem Rücken liegt, zurecht. Er beugt sich wieder hinunter, fragt, hört, erhebt sich und verändert die Position des Kissens. Wieder kniet er sich nieder, und sein Kopf ist nahe an ihrem. Er kommt zurück auf die Füße und macht sich ein drittes Mal an dem Kissen zu schaffen. Er senkt seinen Kopf zu der Frau, und auch ein viertes Mal verändert er das Kissen noch, bevor er sich dann auf den Stuhl neben sie setzt. Sein Arm liegt über der Lehne des Rollstuhls. Er bleibt ihr zugewandt – die ganze Zeit.

Ich habe ihr Gesicht nicht gesehen.
Ich sehe sein Gesicht.
Ich sehe Freude, die im Leiden leuchtet.
Ich sehe Lebendigkeit, die sich dem Sterben nicht ergibt.
Ich sehe Hoffnung, die sich über Zerstörung erhebt.
Ich sehe Stärke, die aus schwerem Kampf erwachsen ist.

Ich sehe Schönheit, die innen größer ist.
Ich sehe Liebe, tief und hoch, stark und zart, nah und weit.
Liebe, die aus Wahrheit lebt.
Liebe, voller Freude und Lebendigkeit,
voller Hoffnung, Stärke und Schönheit.

ES

PSALM 93,5

Heiligkeit ist die Zierde deines Hauses, HERR, für alle Zeit.

Heiligkeit erfahren

Einerseits dürfen wir uns Gott in menschlichen Bildern vorstellen, als unseren Vater und als einen guten Hirten sowie als Schöpfer und Bewahrer unseres Lebens. Andererseits ist er der ganz andere. Und dieses Ganz-anders-als-wir-Sein können wir mit dem Wort „heilig" ausdrücken. Darin unterscheidet er sich massiv von uns Menschen. Seine Heiligkeit können wir niemals ermessen. Sie ist völlig anders, als wir es uns vorstellen oder erträumen können. Wahrscheinlich werden wir seine Heiligkeit erst dann verstehen, wenn wir in einem anderen Leben und Körper aufwachen und die Heiligkeit Gottes und seiner himmlischen Welt so richtig erfahren.

Und dennoch können wir auch hier auf Erden schon an der einen oder anderen Ecke seine Heiligkeit erahnen und erleben. Vor Kurzem sagte mir ein Bekannter, dass er eine unglaublich schöne Erfahrung gemacht habe. Er ging nicht weiter darauf ein, sondern meinte nur: „Ich habe Vergebung meiner Sünden erfahren. Einfach unglaublich schön." Ja, an solch einer Stelle erfahren wir die Heiligkeit Gottes – wenn Menschen zum Glauben kommen und zum ersten Mal aussprechen: „Ich nehme dich, Jesus, in mein Leben auf. Vergib, was bisher in meinem Leben schiefgelaufen ist. Ich bekenne dir meine Sünden."

Und wenn dieser Mensch dann den Zuspruch Gottes (möglicherweise durch einen Seelsorger) erhält: „Dir sind deine Sünden vergeben“, erleben wir Heiligkeit. Und auch dort, wo wir in der Seelsorge einander den entscheidenden Impuls oder Rat geben, spüren wir etwas von der Heiligkeit Gottes. Nein, sie ist nicht erst im Himmel zu finden, sondern auch hier schon in unserer Beziehung zum Herrn und in unserem Miteinander. Immer dort, wo etwas heil und vom Geist Gottes gewirkt neu wird, da ist seine Heiligkeit mit am Werk. Vollkommen werden wir sie aber erst richtig fühlen und erfahren, wenn wir eintreten in die neue Welt und Jesus sehen werden von Angesicht zu Angesicht.

PSALM 94,12

Wohl dem, den du, Herr, in Zucht nimmst und lehrst ihn durch dein Gesetz.

PSALM 95,1.2

Kommt, lasst uns dem HERRN zujubeln,
lasst uns zujauchzen dem Fels unseres Heils!
Lasst uns vor sein Angesicht treten mit Dank!
Lasst uns mit Psalmen ihm zujauchzen! (ELB)

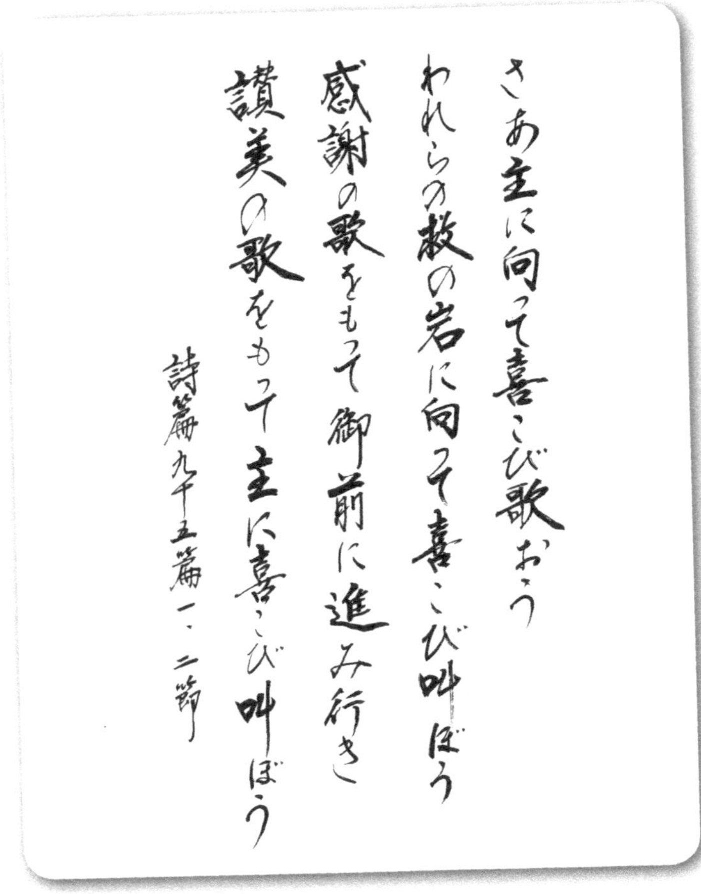

SM

Anbetung dem Größten

1. Herr, ich sehe deine Welt,
das weite Himmelszelt,
die Wunder deiner Schöpfung.
Alles das hast du gemacht,
den Tag und auch die Nacht;
ich danke dir dafür.
Berge, Flüsse und die Seen,
die Täler und die Höhn
sind Zeichen deiner Liebe.
Sonne, Wolken, Sand und Meer,
die loben dich so sehr,
sie preisen deine Macht.

Refrain:
Darum bete ich dich an,
weil ich nicht schweigen kann;
die Freude füllt mein Singen.
Staunend habe ich erkannt:
ich bin in deiner Hand,
und du lässt mich nicht los.

2. Auch die Menschen sind von dir
und haben Leben hier
durch deine große Güte.
Fühlen, Wollen und Verstand
sind Werke deiner Hand,
entstammen deinem Plan.
Ist der Mensch auch sehr entstellt,
weil er die Sünde wählt,
du willst ihn nicht zerstören.
Deine Liebe macht ihn frei
von aller Tyrannei,
wenn er auf dich vertraut.

3. Herr, weil du der Herrscher bist
und alle Menschen siehst,
bin ich in dir geborgen.
Kleinste Wesen in der Welt,
das große Sternenzelt
hältst du in deiner Hand.
Du regierst auch unsre Zeit,
und bald ist es so weit,
dann wirst du sichtbar kommen.
Mit uns sehnt sich die Natur
und alle Kreatur
nach deiner Herrlichkeit.[14]

---

14 Herr ich sehe deine Welt,
Text & Melodie: Peter Strauch

PSALM 96,13

Er wird den Erdkreis richten mit Gerechtigkeit und die Völker mit seiner Wahrheit.

Gelassene Glaubenspolitik

Der Plan war gut. Ich hatte lange darüber nachgedacht und viel darüber gebetet. Es war klar: Es gab keine Alternative zu dieser Entscheidung.

Damals war ich Pfarrer in einem kleinen Dorf. Das Gemeindehaus war stark renovierungsbedürftig und eigentlich auch viel zu groß. Eine andere Lösung, wo sich die Gemeinde treffen konnte, musste her, und es gab gute Pläne dafür. Nur leider sahen viele Menschen das anders. Sie wollten „ihr" altes Gemeindehaus um jeden Preis erhalten. Mein Dienst in jener Gemeinde endete, ohne dass es eine Einigung gab.

Jahre später hörte ich dann, dass eben jenes Gemeindehaus nun doch verkauft worden war. Und dass jetzt doch genau die Lösung umgesetzt wurde, die ich schon damals in die Wege hatte leiten wollen.

Nein, ich habe keinen Triumph gespürt. Sondern Bedauern. Es war unnötig Zeit verschwendet worden. Mittlerweile war auch der Verkaufserlös deutlich niedriger.

Trotzdem hat diese Geschichte mein Vertrauen in die Wege Gottes gestärkt. Wenn etwas richtig ist, dann wird es auch kommen. Dann wird Gott dafür sorgen, dass es geschieht. Und umgekehrt: Wenn etwas falsch ist, dann wird es keinen Bestand haben. Dann wird Gott es vernichten.

Das alte Dorfgemeindehaus ist dafür nur ein kleines Beispiel. Aber es hat mich ermutigt, auch mit den größeren Problemen dieser Erde gelassener umzugehen: Zwei der großen antichristlichen politischen Systeme – der Nationalsozialismus und der Kommunismus – sind untergegangen. Noch gibt es viele diktatorisch regierte Staaten und viele Länder, in denen Christen verfolgt werden – aber das wird sich ändern. Das Unrecht wird keinen Bestand haben. Der Zeitgeist veranlasst auch unsere Politiker, so manche falsche Entscheidung zu treffen. Aber sie werden nicht von Dauer sein. Gesetze, die nicht dem Leben, wie Gott es sich vorgestellt hat, dienen, werden geändert werden müssen. Kirchen und Gemeinden, in denen nicht mehr Jesus Christus und die Bibel im Mittelpunkt stehen, werden sterben – aber sie werden durch neue Gemeinschaften ersetzt; die Sache Gottes wird weitergehen.

Gott wird das tun. Denn er ist der Richter über den ganzen Erdkreis. Er wird Gerechtigkeit schaffen und das Unrecht besiegen. Ich muss mich nicht verkämpfen. Ich darf vertrauen. Zwar weiß ich nicht, wann und wie er es tun wird. Aber er wird dafür sorgen, dass sich das Richtige durchsetzt. Gott bleibt der Herr der Geschichte und Herr über mein Leben. Der nachträgliche Verkauf des Gemeindehauses hat mich das gelehrt.

Und so stehe ich für das ein, was ich von Gott her als richtig erkannt habe. Ich engagiere mich. Ich tue das, was meine Aufgabe ist. Aber dann gebe ich ab an Gott. Dann ist er dran. Dann warte ich gespannt ab, wie er die Sache lösen wird. Er kann es besser als ich. Er regiert die Völker mit seiner Wahrheit.

KP

PSALM 97,10

Die ihr den Herrn liebet, hasset das Arge!

Jesus macht den Unterschied

Unsere Liebe zu Jesus zeigt sich auch daran, dass wir Dinge hassen, die ihm nicht gefallen. Das Arge, von dem in unserem Psalmwort die Rede ist, lässt sich dabei allerdings nicht immer schnell ausmachen. Oft ist es versteckt und geheim, und manchmal, da ist es auch wieder anerkannt offensichtlich und mitunter populär verbreitet unter den Menschen um uns herum. Das Arge, wir können auch sagen: das

Böse (ELB), hat viele Gesichter, aber es ist immer das, was Gott nicht gefällt und was unser geistliches Leben krank macht und zerstört. Ja, es ist das, was uns am Ende Ärger und Ärgernis einbringt.

Das Arge findet sich zunächst in unserer Fleischeslust. Dort, wo wir unseren Trieben erlauben, uns zu beherrschen, dort entsteht das Arge. Das Arge ist auch dort, wo andere Menschen uns mit ihren Meinungen und Ideologien von Gott wegziehen wollen. Und nicht zuletzt ist das Arge immer dort, wo der Arge, der Teufel, versteckt oder offen seine Hand im Spiel hat.

Je näher wir aber bei Jesus sind, umso besser können wir das Arge wahrnehmen. Wenn wir seine Nähe suchen, zeigen wir damit, dass wir ihn lieben und es uns wichtig ist, das Böse nicht zu wollen und nicht zu tun. Letztlich geht es darum, dass wir uns eindeutig auf die Seite des Herrn schlagen und nicht zwei Herren dienen wollen. Dass wir um diese Klarheit immer wieder ringen müssen und sie uns nicht einfach in den Schoß fällt, soll uns nicht wundern.

Die Verführungen zum Argen sind eben eine starke und attraktive Macht, geschmückt mit aller Pracht und aller Buntheit des Lebens. Doch Jesus macht den Unterschied, denn er will unser Bestes. Und das ist immer wieder unsere geistliche Gesundheit.

PSALM 98,1

Singet dem HERRN ein neues Lied, denn er tut Wunder.

Mit neuer Begeisterung singen

Was ist ein neues Lied? Warum sollen wir singen und nicht sprechen? Sind alte Kirchenlieder schlecht? Darf man kein Lied mehrfach singen?

Ich stelle mir ein Loblied vor, das aus einer Gott schauenden Begeisterung kommt. Aus einer dankbaren, ergebenen, mit Freude über Gottes Werk gefüllten Herzenshaltung, die nur ein Ziel kennt, den HERRN bedingungslos und ehrlich anzubeten. Ich verstehe dieses Psalmwort so, dass wir unsere Lieder immer wieder mit neuer Begeisterung singen, als wäre es das erste Mal. In Offenbarung 4,8 steht: *„Sie hatten keine Ruhe Tag und Nacht und sprachen: Heilig, heilig, heilig ist Gott der Herr, der Allmächtige, der da war und der da ist und der da kommt.“* In diesem Fall ist es nicht jeden Tag ein neues Lied, auch nicht jeden Monat oder jedes Jahr – nein, immer der gleiche Text; das sollte uns dazu ermutigen, nicht immer die neuesten Lieder singen zu müssen, sondern es kommt auf unsere Haltung an, mit der wir das Lied singen. Dabei ist nicht die Qualität der Musik entscheidend, sondern allein die Ehrlichkeit und Hingabe, mit der wir dem Herrn unser Lied singen. Und diese Herzenshaltung sollte im Optimalfall immer neu sein, was zugegebenermaßen nicht leicht ist.

Die Psalmen sind das „Liederbuch“ der Bibel. Und vielleicht möchte David mit diesem Psalm ein neues Lied vorstellen, das er geschrieben hat, als Bereicherung zu den Liedern, die das Volk Israel bis dahin gesungen hat.

Manchmal brauchen wir etwas Neues, das uns begeistert – etwa ein neues Kleidungsstück, ein neues Urlaubsziel oder einen neuen Roman oder eben ein neues Lied, damit unser Glaube wieder Aufwind bekommt. Doch warum sollen wir singen? Singen ist ein Vorgeschmack auf die Ewigkeit, Singen ist die gehobene Form der Sprache, und durch den vorgegebenen Rhythmus werden unsere Stimmen vereint. Nach dieser Gemeinschaft sollte jede Gemeinde streben, und das geht oft besser mit einem Lied, das jeder kennt.

Schließlich haben wir allen Grund, Gott zu loben – *denn er tut Wunder!* In manchen Übersetzungen heißt es auch: *„Denn er hat Wunder getan“*, was sich auf die Wunder bezieht, die das Volk Gottes bis dahin mit ihm erlebt hat: die Befreiung von der Knechtschaft in Ägypten, die Teilung des Meeres, die Speisung der Israeliten in der Wüste und viele weitere. Und auch heute tut Gott noch Wunder, die wir erleben dürfen. Das ist doch ein Grund zum Danken und Singen! Wenn es uns manchmal nicht so vorkommt, dass Gott noch immer Wunder tut, sollten wir vielleicht anfangen, unsere Mitchristen nach ihren Wundern zu fragen, was immer wieder sehr spannend und ermutigend ist. Wir können unsere Erlebnisse mit Gott und seine Wunder auch in einem Buch festhalten. So werden wir viel aufmerksamer und haben in schwierigen Zeiten ein „wundervolles“ Buch zum Lesen.

Gebet: Vater, ich danke dir, dass du ein großer Gott bist und viele Wunder getan hast und noch immer tust. Dafür will ich dich preisen und dir singen. Ich bitte dich, dass du mich aufmerksam machst für dein Wirken in meinem Leben und mich mit deiner Freude und Liebe erfüllst. Amen.

LH

PSALM 99,5-7

**Erhebt den HERRN, unseren Gott,
und fallt nieder vor dem Schemel seiner Füße!
Heilig ist er. Mose und Aaron unter seinen
Priestern und Samuel unter denen,
die seinen Namen anriefen, sie riefen zu dem
Herrn, und er antwortete ihnen.
In der Wolkensäule redete er zu ihnen.
Sie bewahrten seine Zeugnisse und die Ordnung,
die er ihnen gegeben hatte.**

Gott redet

Die Natur ist nicht nur das Bilderbuch Gottes, in dem wir seine Handarbeit und seine Fußspuren entdecken. Sie ist auch das Hörbuch Gottes. Nicht selten hat Gott durch Naturgeschehnisse zu Menschen geredet und ihnen Antworten gegeben auf ihre Fragen, Bedürfnisse und Sehnsüchte.

In unserem Psalm wird vor allem die Wolkensäule genannt. Die zeigte den Israeliten, dass Gott mit ihnen war und sie beschützte.

Als die Armee der Ägypter das Volk Israel nach ihrem Auszug wieder zurückholen wollte, verschob der Herr die Wolkensäule von der Spitze des Zuges an das Ende. Nun stand sie als Naturschauspiel zwischen dem Volk und den Verfolgern. Hier zeigte Gott seine Macht und machte klar, dass er auf der Seite seiner Leute war und sie ans Ziel bringen würde.

Doch schon vor diesem Geschehen redete Gott durch Naturgeschehnisse. Noah und seine Familie erlebten die Sintflut als Zeichen des Gerichts und sahen den Regenbogen als Zeichen des Bundes zwischen Gott und der gesamten Erde.

Als Abraham schon nicht mehr mit Kindern rechnete, da bestellte Gott ihn nach draußen und sagte zu ihm: *„Sieh gen Himmel und zähle die Sterne; kannst du sie zählen? Und sprach zu ihm: So zahlreich sollen deine Nachkommen sein"* (1. Mose 15,5).

Als Abraham Jahre später Isaak opfern wollte, hörte er die Stimme des Engels, dass er dem Knaben nichts antun solle. Im nächsten Augenblick entdeckte Abraham einen Widder, der im Gestrüpp steckte und den er opfern konnte.

Auch Samuel wird in unserem Psalm erwähnt. Eines Tages kam Saul zu ihm, nachdem dieser zusammen mit einem Knecht lange vergeblich nach den ausgebüxten Eselinnen seines Vater gesucht hatte. Vom Propheten erhofften sie sich Hinweise, wo die Eselinnen zu finden wären. Gott hatte Samuel am Tag zuvor schon auf die Begegnung vorbereitet. Als Saul dann bei ihm war, konnte er ihm nicht nur sagen, dass die Eselinnen gefunden worden waren, sondern er salbte ihn zum ersten König über Israel. Und das alles, weil sie die Eselinnen des Vaters gesucht hatten. Auch Suchaktionen kann Gott gebrauchen, um uns neue Antworten und Aufgaben zu geben.

Vor allem auch die Geschichte des Propheten Elia ist gekennzeichnet von Gottes Reden und Antworten durch Naturereignisse. Trockenheit und Regen sowie Feuer, das sein Altaropfer verzehrte, bedeuteten ein starkes Reden Gottes zu Elia, zum König, dem Volk und den Priestern Baals. Und als Elia schließlich in der Höhle Zuflucht gefunden hatte, begegnete Gott ihm in einem stillen, sanften Windhauch. Und Elia verdeckte sein Angesicht.

Ja, es lohnt sich zu erfahren, wie Gott durch Naturgeschehnisse zu uns Menschen redet. Nicht zuletzt sehen wir dies auch im Neuen Testament an mehreren Stellen. Schon bei der Geburt Jesu leuchtete ein besonderer Stern am Himmel und zeigte den Weisen den Weg. Finsternis begleitete Jesus in der Todesstunde, und die Erde erbebte als deutliches Zeichen. Und bei seiner Auferstehung ging die Sonne auf.

All das will auch mir Mut machen, noch stärker als bisher Gottes Reden und Antworten in den Ereignissen der Natur zu entdecken. Auch für mich ganz persönlich. Nicht als Ersatz für das geschriebene Wort Gottes, sondern als Ergänzung. Und es soll mich dahin führen, ihn, den Heiligen, den Allmächtigen, den König anzubeten.

PSALM 100,2

Dienet dem Herrn mit Freuden.

Fünffach königlich dienen

Ach, wie schön ist es zu sehen, wenn jemand seinen Dienst mit Freude ausübt. Immer mal wieder rufe ich die Bank an, um eine Überweisung zu tätigen. Am anderen Ende höre ich dann mal diese und mal jene Stimme. Eine Stimme ist mir bisher besonders aufgefallen und in Erinnerung geblieben – eine junge Frau nimmt meine Angaben entgegen und verabschiedet sich mit den Worten: „Vielen lieben Dank, Herr Schlittenhardt." Man spürt förmlich: Dieser Mensch übt seinen Dienst nicht nur pflichtgemäß aus, sondern mit Freuden.

Im 1. Korintherbrief und auch in anderen Briefen betont Paulus, dass er sein Leben als einen fünffachen Dienst versteht. 1. ist er Diener des Herrn Jesus Christus, der ihn gerufen hat. 2. bezeichnet er sich als Diener des Evangeliums. Er will die frohe Botschaft vom Heiland der Welt den Menschen bringen. 3. ist er ein Diener für die Gemeinden, für die er betet, die er besucht und denen er Briefe schreibt. 4. versteht er sich als ein Diener des jüdischen Volkes, mit dem Gott seine Heilsgeschichte schreibt. Und schließlich ist er 5. auch noch ein Diener der Heiden, also der Menschen, die nicht zum jüdischen Volk gehören.

Dienen hat für Paulus eine solch hohe Bedeutung, dass er bekennt: *„In allem erweisen wir uns als Diener Gottes“* (2. Korinther 6,4). Dass er diesen Dienst mit großer Freude und mit höchstem Einsatz versieht, das spüren wir in seinen Briefen sehr deutlich. Leidenschaftlich setzt er sich für die Gemeinden ein. Leidenschaftlich wünscht er den Juden, dass sie Jesus als Messias und Heiland erkennen. Leidenschaftlich sucht er in der Welt der Heiden Zuhörer, um ihnen die rettende Botschaft zu verkündigen. Und er findet sie u. a. in den Straßen von Athen. Dabei ist sich Paulus auch immer bewusst: „Ich bin nicht nur ein Diener, sondern auch ein Kind Gottes. Ich habe eine königliche Berufung.“ Ja, wir sind niemals nur Diener; wir sind Kinder des Höchsten: Königskinder.

Welch ein Vorrecht, dass wir berufen sind, der Menschheit im Auftrag des Höchsten zu dienen.

PSALM 101,6

Meine Augen sehen nach den Treuen im Lande, dass sie bei mir wohnen.

Treue bleibt

Wenn ich an meine Arbeit in den verschiedenen Gemeinden oder in der Mission denke, dann kommen mir etliche Menschen in den Sinn, die für mich die Treuen im Lande abbilden. Meine Frau und ich erinnern uns insbesondere an ein Ehepaar in einer Kirchengemeinde bei Hof, nahe an der früheren Grenze zur DDR.

„Tante Ilse“ und „Onkel Hans“ wurden sie von vielen genannt. Als Kirchendienerin war Ilse immer im Einsatz. Mit Rat und Tat stand sie vielen zur Seite. Sie wusste, wer im Ort Hilfe brauchte. Sie war regelmäßig beim Gebetskreis und nahm rege am Gemeindeleben teil.

Vor allem nahm sie sich aber auch der Gemeindediakone und Pfarrersleute, die nacheinander in den Ort kamen, herzlich an. Oftmals mit einer Einladung zum Essen, mit Geschenken oder Überraschungen, die sie bereithielt und auftischte.

Die beiden hatten keine Kinder, übernahmen aber einige Male ein Patenamt. Meine Frau hatte einen besonders guten Draht zu ihnen. Onkel Hans war Frührentner. Wegen seines Diabetes war er fast blind und er musste oft zur Dialyse nach Hof. Meist, wenn er in die Stadt ging, kaufte er Süßigkeiten für andere. Er tastete sich an den Supermarktregalen entlang und füllte seine Einkaufstasche. Immer dann, wenn wir bei ihnen zu Gast waren, hatte er einen Stapel von Süßigkeiten für unsere Kinder aufgebaut, die wir mitnehmen sollten. Er selbst durfte ja keine Süßigkeiten essen, dafür aber war es ihm eine große Freude, anderen das zu geben, worauf er selbst verzichten musste.

Nicht zu vergessen sind die finanziellen Spenden, die wir und viele andere von ihnen in der Mission erhielten. Bis kurz vor ihrem Sterben rief Tante Ilse immer wieder bei uns an und erzählte von der Gemeinde und ihrem Ergehen und fragte nach unseren Kindern. Ja, selbst als sie dann starb, war in ihrem Testament noch Platz für einige Leute, die in der Gemeinde tätig gewesen waren. Welch ein Einsatz, welch eine Treue trotz vieler unerfüllter Wünsche im eigenen Leben! Und nun dürfen sie wohnen bei unserem Herrn in der himmlischen Höhe.

PSALM 102,5

Mein Herz ist geschlagen und verdorrt wie Gras, dass ich vergesse, mein Brot zu essen.

Ganz unten und doch geliebt

Ein zerbrochenes Herz, einsam, verletzt, erniedrigt. Was ist es, das uns so verletzt zurücklässt? Es kann der Druck der Umwelt sein. Es können unsere eigenen Ansprüche sein, denen wir nicht gerecht werden. Unser Versagen.

Auf einmal gibt es diese bedrängende innere Stimme in einem Menschen. Sie sagt, dass sie dich kennt und dir einen Weg weisen will heraus aus dem Dilemma. Sie spricht zu dir über andere Menschen: „Vergeude keine Zeit mehr mit deinen Freundinnen, die dich nicht verstehen, oder mit deiner Familie, die vorgibt, dich zu lieben. Tatsache ist doch, dass es ihnen egal ist, was mit dir passiert. Sie sagen dir doch nicht die Wahrheit ins Gesicht. Ich aber werde dir immer die Wahrheit sagen."

Und diese Stimme kommt mit Versprechen und meldet sich mit tausend Ratschlägen, die dich infrage stellen und zum Handeln treiben: „Ich will dir helfen, besser zu werden, perfekt zu werden. Tu, was ich dir sage, und du wirst befreit werden. Also, streng dich an. Halte dein Haus ganz sauber, beweg dich viel, halte Diät, Finger weg von dem kalorienreichen Essen. Du bist zu dick. Behalte die Kontrolle über dich."

Vor vielen Jahren war ich in solch einer Situation. In Wirklichkeit war sie aber noch dramatischer. Ich wusste nicht, wie ich da herauskommen sollte.

Ich war eine junge Mutter mit zwei kleinen Kindern. Mein Mann lebte und arbeitete die meiste Zeit eineinhalb Stunden weg von uns. Ich wohnte in einem großen Haus am Stadtrand mit einem großen Garten in meinem Heimatland Italien und doch in der Fremde. Ich war ganz auf mich allein gestellt, mit wenig Geld. Ich hatte keine Freunde, keine Familie und keine Gemeinde.

Ich war traurig, depressiv. Ich drehte mich im Kreis, jeden Tag dasselbe.

Ich hörte genau diese innere Stimme, die ich oben beschrieben habe. Mein inneres Leiden führte dazu, dass ich Kalorien zählte und schließlich keinen Appetit mehr hatte und zu essen vergaß, so wie es der Beter beschreibt. Es gab ganze Tage, an denen ich kein Essen anrührte. Oftmals bereitete ich am Abend Essen vor, und am nächsten Tag stand das Essen immer noch so da, wie ich es hergerichtet hatte. Dann erlebte ich aber, dass dieses Gefühl der Leere mir auch wieder gefiel. Nicht zu essen schien mich zu belohnen. Ich verlor Gewicht. Ich zählte Kalorien, putzte das Haus von oben bis unten, bewegte mich viel, machte Sport und legte viele Kilometer auf dem Fahrrad zurück. Ansonsten blieb ich allein mit mir, mit meiner Welt, mit meiner inneren Stimme, die mich antrieb.

Dann aber begann ich viel in der Bibel zu lesen. Ich begann zu sehen, dass das Leben wertvoll ist. Ich spürte auf einmal, dass ich nicht nutzlos bin, trotz meiner Fehler. Ich entdeckte wieder, dass Menschen mich liebten, und ich blieb nicht mehr allein. Ich hörte nicht mehr auf die innere Stimme, sondern auf Gott, meinen Schöpfer, der mich liebt und für den ich wertvoll bin.

Von dieser Erfahrung her möchte ich Mut machen. Denk daran, dass das Leben wertvoll ist. Es ist auch nicht so, dass niemand dich versteht. Es gibt Menschen, die dich lieben. Es ist gut, wenn man in seinem Leben zurückschaut und herausfindet, wo der Bruch passiert ist, der die Spirale nach unten in Gang gesetzt hat. Ich jedenfalls sehnte mich danach, geliebt zu werden. Heute weiß ich: Gottes Liebe ist stark und gilt mir und dir ganz persönlich. Du bist geliebt zu jeder Zeit und in jedem Zustand. Als Sünder, als Verlorener, als Depressiver, als eine Person, die mit sich selbst große Probleme hat. Er hat dich geschaffen, er denkt an dich. Er ist gerade bei Menschen, die unten sind und sich nach Hilfe sehnen. Er ist der Anfang und das Ende. Und du bist in der Mitte, gewollt und geliebt bei Gott. Hör auf seine Stimme, mehr als auf alles andere.

GeA

PSALM 103,14

Denn er weiß ja, was für Geschöpfe wir sind, er denkt daran, dass wir nur aus Staub gebildet wurden. (NGÜ)

Gottes Güte erleben und weitergeben

Es regnet. Trotzdem gehe ich raus, um mich genügend zu bewegen. Ist der Weg nicht gepflastert, bleibt etwas Dreck am Schuh kleben. Zu Hause denke ich: „Der Dreck muss weg!“ Tatsächlich handelt es sich jedoch um Erde aus mineralischen und organischen Bestandteilen. Bereits ein wenig Erde reicht Pflanzen zum Wachsen und Blühen. Meine Gedanken gehen weiter zum Schöpfungsbericht. Am sechsten Schöpfungstag *„machte Gott der Herr den Menschen (Adam) aus Staub von der Erde (adama) und blies ihm den Odem des Lebens in seine Nase“*, so steht es im 1. Buch Mose, Kapitel 2, Vers 7. Als Folge des Ungehorsams des ersten Ehepaares kündigte Gott später an: *„Denn Staub bist du und zum Staub kehrst du zurück“* (1. Mose 3,19).

Obwohl wir aus Staub gebildet wurden und eines Tages wieder zu Staub werden, legt Gott seine Liebe und seinen Geist in uns hinein. Und jeder Mensch ist frei, seine Liebe anzunehmen oder sie zu ignorieren. Doch wer sich Gottes Liebe bewusst schenken lässt und ihn mit seinem Leben ehrt, erlebt Gott als einen gütigen und barmherzigen Vater.

Mit etwa 18 Jahren begann ich, mich Gott zuzuwenden, von dem ich zuvor schon viel durch meine Eltern, in der Jungschar, im Jugendbund und in der Gemeinde gehört hatte. Seitdem kann ich sagen: Er lebt durch seinen Geist in mir und gibt mir Kraft für ein Leben, das sich an seinen Zielen orientiert.

Diesen Psalm 103 hatte ich schon als Konfirmand auswendig zu lernen. Das war gut. Die Worte blieben in meinem Inneren haften. In bestimmten Situationen waren sie präsent: „Ja, Thomas, preise den Herrn. Vergiss nicht, was er dir Gutes getan hat! Und ja, egal, was geschehen ist, er vergibt dir alle deine Schuld.“ Diese Worte aus dem großen Dankgebet von David halfen mir, Gottes Liebe und sein Erbarmen immer wieder in konkreten Situationen zu erfassen.

In diesem Psalm 103 ist von der großen Güte Gottes die Rede. Ein Beispiel seiner Güte ist es auch, dass wir das Evangelium anderen Menschen und Völkern bringen dürfen. So hat der Herr auch meine Frau und mich in diesen Dienst gestellt, dass wir Menschen aus dem Vorderen Orient Zeugnis geben können von der Güte Gottes. Gott selbst legt es uns aufs Herz, dass wir seine Güte nicht nur selbst erfahren, sondern auch weitergeben können. Obwohl wir Staub sind, will er doch gerade auch durch unser Gebet und Zeugnis sein Reich bauen. Wir freuen uns besonders, wenn wir hören und erleben, dass Orientalen in unserer Umgebung den Schritt zu Jesus wagen und sich der Güte Gottes ganz anvertrauen.

KT

PSALM 104,16.24.31

Die Bäume des Herrn stehen voll Saft,
die Zedern des Libanon, die er gepflanzt hat.
Herr, wie sind deine Werke so groß und viel!
Du hast sie alle weise geordnet,
und die Erde ist voll deiner Güter.
Die Herrlichkeit des Herrn bleibe ewiglich,
der Herr freue sich seiner Werke!

PSALM 105,1

Verkündigt sein Tun unter den Völkern!

Mission

Schon Abraham wurde gesagt: *„In dir sollen gesegnet werden alle Geschlechter auf Erden“* (1. Mose 12,3).

In den Psalmen lesen wir beides: *„Verkündigt sein Tun unter den Völkern“*, und: *„Lobet den Herrn ... alle Völker“* (117,1). Im Neuen Testament sendet Jesus seine Jünger in alle Welt und zu allen Völkern. Dieser Auftrag besteht immer noch.

Folgende Gedanken wurden mir in diesem Zusammenhang einmal wichtig.

Drei biblische Gründe für Mission:

- Gott ist in seinem Wesen missionarisch.
- Jesus ist einzigartig und der einzige Weg zu Gott.
- Der Heilige Geist ist eine missionarische Kraft.

Drei wichtige Bibelstellen im Neuen Testament zum Thema Mission:

- Jesus sagt zu seinen Jüngern: *„Wie mich der Vater gesandt hat, so sende ich auch euch.“* (Johannes 20,21)
- Jesus sagt: *„Mir ist gegeben alle Macht im Himmel und auf Erden. Darum gehet hin und lehret alle Völker: Taufet sie auf den Namen des Vaters und des Sohnes und des Heiligen Geistes und lehret sie halten alles, was ich euch befohlen habe.“* (Matthäus 28,18ff.)
- *„Ihr werdet die Kraft des Heiligen Geistes empfangen, der auf euch kommen wird, und werdet meine Zeugen sein in Jerusalem und in ganz Judaä und Samarien und bis an das Ende der Erde.“* (Apostelgeschichte 1,8)

Die Dreieinigkeit steht hinter dem Auftrag der Mission zu allen Völkern:

- Der Vater steht hinter der Sendung seines Sohnes.
- Der Sohn sendet und bevollmächtigt uns.
- Der Heilige Geist ist unsere Kraft.

Drei Weltaufträge, die den Jüngern damals galten, gelten auch heute jeder Gemeinde:

- Geht in alle geografische Welt.
- Geht in alle Völkerwelt.
- Geht in alle verlorene Welt.

Drei einfache Schritte zur Mission:

- Lasst euch senden.
- Geht hin.
- Seid Zeugen von Jesus.

PSALM 106,21

Sie vergaßen Gott, ihren Heiland, der so große Dinge in Ägypten getan hatte.

Gedenkzeichen

Hin und wieder habe ich schon einen Mahnbrief bekommen, weil ich vergessen hatte, eine Rechnung rechtzeitig zu begleichen. Einige wenige Male kam es auch vor, dass ich eine Veranstaltung vergessen hatte. Die Leute warteten dann vergeblich auf mich. Da musste ich mich entschuldigen.

Viel gravierender aber ist es, wenn wir das vergessen oder gering achten, was Gott an uns getan hat. Nicht nur beim Volk Israel, das er aus Ägypten befreite, sondern auch in unserem Leben sind große Dinge geschehen. Die Frage ist: Wie können wir uns bewusster und dankbarer an das erinnern, was Gott Großes an uns getan hat?

Mir selbst hilft es, solche Geschehnisse von Zeit zu Zeit aufzuschreiben. Letztes Jahr führte ich 200 Tage lang ein Tagebuch. Wenn ich das jetzt wieder lese, finde ich ganz viele Erlebnisse, bei denen ich heute sagen kann: „Der Herr hat es wunderbar gemacht."

Ein Freund von uns hat vor seinem Haus einen Stein aufgestellt, und auf diesem steht nur ein Wort: „Danke." Und dann das Datum dazu. Der Stein erinnert ihn an einen Tag in seinem Leben, an dem er ganz knapp einer schweren Verletzung bzw. dem Tod entkam. Und mit dem Danke-Stein dankt er Gott dafür. Ja, es ist gut, wenn wir Tag und Stunde festhalten, wenn sich etwas Besonderes ereignet hat. Wir können das Große, das Gott an uns getan hat, auch in einem Foto festhalten. Solch ein Foto kann uns immer ein Hinweis sein, dass Gott uns in dieser oder jener Situation bewahrt, geholfen und aus einer Krise gerettet hat.

Bei uns und in vielen anderen Ländern werden die großen Taten Gottes immer noch in Form von Feiertagen festgehalten: Weihnachten, Ostern, Himmelfahrt und Pfingsten. An diesen Tagen können wir innehalten und uns bewusst machen, wie großartig unser Gott und Herr in der Geschichte gewirkt hat. Und ja, er tut es immer noch. Auch in unserem Leben. Denn ein großer Gott bringt ein großes, wunderbares Tun mit sich. Das ist sein Markenzeichen. Und weil es sein Markenzeichen ist, brauchen wir Erinnerungszeichen.

PSALM 107,10-16

**Die Bewohner des Dunkels und der Finsternis
lagen gefesselt in Elend und Eisen: denn sie waren
widerspenstig gewesen gegen die Worte Gottes
und hatten verachtet den Rat des Höchsten;
und er hatte ihr Herz gebeugt durch Unheil.
Sie waren gestürzt, und kein Helfer war da.**

**Da schrien sie zum Herrn um Hilfe in ihrer Not;
aus ihren Bedrängnissen rettete er sie.
Er führte sie heraus aus Dunkel und Finsternis,
er zerriss ihre Fesseln.**

**Sie sollen den Herrn preisen für seine Gnade,
für seine Wunder an den Menschenkindern!
Denn er hat eherne Türen zerbrochen,
und eiserne Riegel hat er zerschlagen. (ELB)**

Frei werden und danken

Psalm 107 schildert Menschen, die in ausweglose Lagen geraten waren. Sie hatten sich verirrt in der Wüste, waren am verhungern und verdursten, unheilbar krank, saßen im Gefängnis oder waren in Seenot geraten. In ihrer Not waren sie gefesselt in Elend und Eisen. Irgendwie angekettet an ihre Not und an ihre Verschuldungen. In dieser Not schrien sie zum Herrn.

Man muss nicht unbedingt in einer richtigen Gefängniszelle schmachten, um angekettet zu sein. Es gibt auch andere Fesseln, wie Süchte, schlimme Angewohnheiten oder okkulte Bindungen, unter denen Menschen leiden. Das sind eiserne Ketten, die sie festhalten.

Nicht die Finsternis einer Zelle bereitet ihnen Grauen, sondern das Dunkel in ihnen und um sie herum (Vers 10).

In Vers 5 heißt es, dass Seelen verschmachteten. Das trifft gerade auch auf Menschen zu, die in eine tiefe Depression geraten sind. Sie sind am verhungern und verdursten, ihre Seelen verschmachten, sie fühlen sich wie in einem Gefängnis, gelähmt und gefesselt in ihrem Denken und in ihren Handlungen. Kaum ein Sonnenstrahl erwärmt ihre Seele, und ein Ende können sie auch nicht sehen. Sie wollen herauskommen aus dieser Lage, doch sie schaffen es nicht. Und diejenigen, die ihnen helfen wollen, stehen bildlich ebenso hilflos vor dem Gefängnis. Viele Bemühungen, sie da herauszuholen, scheitern.

Neben dem, dass man in all diesen Nöten den Herrn anrufen kann, ist es auch, gerade bei depressiven Menschen, ratsam, medizinische Hilfe in Anspruch zu nehmen und diesen Menschen in jeder Hinsicht Mut zuzusprechen. Auf keinen Fall darf man sie aufgeben oder ihnen mit Vorwürfen begegnen. Damit treibt man sie in noch größere Verzweiflung. Sie brauchen Beistand und Hilfe.

Bei vielen anderen in Not geratenen Menschen macht der Psalmbeter deutlich, dass sie deshalb in Not geraten sind, weil sie Gottes Wort missachtet haben. Man kann es auch Ungehorsam nennen. Also wussten diese Leute im Innersten, was richtig ist. Doch warum taten sie es nicht? Warum schlugen sie Gottes Rat in den Wind? Sie verhielten sich trotzig und handelten eigenmächtig und eigenwillig. Und Gott ließ sie laufen.

Ja, er weiß, dass sie erst in einer ausweglosen Lage zu ihm rufen werden. Und so geschieht es. Erst in der ausweglosen Lage schreien sie zum Herrn, dem sie davongelaufen sind. Und Gott rettet sie, ohne ihnen Vorwürfe zu machen! Es wird sehr anschaulich beschrieben. Er rettet sie aus Todesangst, er holt sie aus der Finsternis, sie können wieder die Sonne sehen. Ihr Gemüt wird fröhlich und licht. Und schließlich werden die Fesseln ganz weggerissen.

Der Psalmbeter macht deutlich: Dort, wo Gott einen Menschen aus dem Dunkel holt, dort, wo er einen Menschen aus Todesnot rettet, dort, wo er ihm seine Schuld vergibt, dort, wo er ihn wieder auf festen Grund stellt, dort, wo der Mensch wieder Mut zum Leben hat – dort gilt Gott der große Dank. Da kann es nicht ausbleiben, dass die befreiten Menschen und die Gemeinde mit ihnen dem Herrn danken für seine Gnade, für seine Rettung, für seine Macht, mit der er die eisernen Riegel zerschlagen hat.

GT

PSALM 108,14

**Mit Gott wollen wir Taten tun.
Er wird unsre Feinde niedertreten.**

Siege erringen

Wie gerne wollen wir Taten vollbringen, die wir dann als Siege feiern. Wenn ich mich selbst anschaue, dann ist das so. Ich will Dinge tun und wagen, bei denen ich als Sieger strahlen kann.

Ein Siegesgefühl habe ich auch, wenn ich spüre: Gott ist an meiner Seite, wie ein starker Freund oder großer Bruder. Doch sehr schnell merke ich: Es geht nicht um ein schönes Gefühl, sondern um Aufgaben, die er mir stellt. Ich erlebe, wie er mich ruft. Manches davon riecht nach Anstrengung, manches nach Abenteuer. Und ich habe gelernt, dass dies Teil des Glaubenstrainings ist, das er mir verabreicht.

Gott ruft mich und fordert mich auf zu widerstehen oder festzuhalten an dem, was gut für mich ist. Er will, dass ich ihn bekenne, dass ich ihm Antwort gebe und dass ich Schritte ins Unbekannte wage. Doch wenn ich mich dann in den Kampf aufmache, habe ich manchmal das Gefühl: Jetzt lässt er mich allein. Ich spüre ihn nicht mehr. Doch wie kann das sein? Er ruft mich, und dann verlässt er mich, wenn es brenzlig wird?

Aber wie soll ich bestehen, wenn er mich in der Menge der Probleme und Feinde alleinlässt? Da habe ich keine Chance, und schnell werde ich entmutigt und will den Kampf aufgeben. In dieser Phase ist und bleibt es ein Lernprozess zu wissen: Gott ist da, auch wenn ich ihn nicht spüre. Er verlässt mich nicht. Es fühlt sich vielleicht so an, dass ich allein dastehe. Doch die Realität ist, dass er mich in diese Situation stellt und mir seine Hilfe geben wird.

Ich kenne einen jungen Mann, der durch harte Prüfungen ging. Er war verlobt mit einer jungen Frau, die ihn dann aber verließ. Ein anderer Mann hatte ihr Herz gestohlen. Sie hatte durch ihren Verlobten zum Glauben gefunden. Doch das zählte auf einmal nicht mehr. Er war sehr traurig, doch er gab nicht auf. Er war sich sicher, dass Gott sie beide zusammengeführt hatte, so wie er einst dem Adam seine Eva zugeführt hatte. Selbst als viele ihm rieten, seine Verlobte aufzugeben, tat er dies nicht. Im Gegenteil: Er wusste Gott auf seiner Seite und kämpfte im Verborgenen. Täglich vertraute er sich Gott an. Täglich widerstand er den Versuchungen, auf andere Frauen zuzugehen, und überwand Hindernisse. Immer wieder betonte er: „Ich gebe nicht auf." Oftmals aber fühlte er sich von Gott alleingelassen, denn nichts geschah. Er schien den Kampf zu verlieren. Doch Gott formte ihn in dieser Zeit des Kampfes. Und dann passierte es: Seine Verlobte kam reumütig zu ihm zurück. Er dankte Gott für den Sieg, den er ihm geschenkt hatte. Er erfuhr, was der Psalmbeter an anderer Stelle sagt: *„Habe deine Lust am Herrn; der wird dir geben, was dein Herz wünscht"* (Psalm 37,4). Und genau das konnte er erfahren.

In dem Glaubenstraining, in das Gott uns ruft, will er, dass wir lernen:

1. geduldig zu sein und auf seine Hilfe zu vertrauen. Auch wenn wir nichts spüren, dürfen wir wissen: Er ist da und bereit, uns an der Hand zu nehmen.

2. Ausdauer zu haben. Manchmal setzen wir Gott ein Ultimatum, doch er will, dass wir noch eine Weile länger aushalten. Am Ende werden wir dann vielleicht erfahren, warum es so lange dauern musste, bis wir den Sieg erringen konnten.

3. Gott ist mir immer einen Schritt voraus und hat schon alles für ein gutes Ende vorbereitet.

Ja, mit Gott können wir das menschlich Unmögliche vollbringen. Er ist stärker als alle unsere Probleme, die widrigen Umstände und als alle feindlichen Kräfte. Das hat er schon oft bewiesen und wird es auch weiterhin tun.

GeA

PSALM 109,4

Dafür, dass ich sie liebe, feinden sie mich an; ich aber bete.

Ich aber bete

In den Evangelien lesen wir von Jesus, wie er früh am Morgen aufstand, an einen einsamen Ort ging und dort mit seinem himmlischen Vater sprach. Kraft und Vollmacht strömten in diesen Stunden in sein Leben. Obwohl es allen sichtbar war, dass er die Menschen liebte und ihnen die gute Botschaft Gottes brachte, erging es ihm wie dem Psalmbeter: Nicht wenige feindeten ihn an. Gleich zu Beginn des Johannesevangeliums lesen wir: *„Er kam in sein Eigentum; und die Seinen nahmen ihn nicht auf"* (1,11). Das stärkste Beispiel sehen wir, als er voller Schmerzen am Kreuz hängend für seine Feinde betete. Jesus praktizierte dies auch in der größten Not: *„Ich aber bete."* Egal, wie sich die Menschen mir gegenüber verhalten: Ich aber bete.

Das war auch in der ersten Gemeinde so. Als die ersten Christen lautstark das Evangelium verkündeten, wurden sie angefeindet und nicht selten vor Gericht geschleppt. In Apostelgeschichte 4,23 lesen wir solch einen Bericht. Da heißt es: *„Und als man sie (Petrus und Johannes) hatte gehen lassen, kamen sie zu den Ihren und berichteten, was die Hohenpriester und Ältesten zu ihnen gesagt hatten."* Als die Gemeinde das hörte, erhoben die Menschen einmütig ihre Stimme und beteten. Dank und Anbetung kamen über ihre Lippen. Ja, sie lobten Gott. Gleichzeitig beteten sie, Gott möge noch Größeres in der Stadt wirken und seinen Knechten großen Freimut geben, sein Wort zu verkündigen. Das also war das Geheimnis ihrer Vollmacht und Stärke, das Gebet. Sie standen vor dem Angesicht Gottes in Anbetung, Dank und Fürbitte. Die Kraft Gottes erfüllte ihre Herzen, und sie gingen weiter auf die Straßen und Plätze und predigten. Nichts konnte sie aufhalten, den Namen Jesu zu verherrlichen und die frohe Botschaft vom Kreuz zu verkündigen.

In den Jahren um 1920 herum zog Sundar Singh durch Indien und die angrenzenden Länder und verkündigte das Evangelium. In seiner äußeren Erscheinung sah er aus wie ein indischer Heiliger. Deshalb nannte man ihn auch den christlichen Sadhu (Heiligen). Immer wieder wurde er stark angefeindet. Und nicht selten auch eingesperrt und gequält. Einmal war er nachts in einem Kuhstall eingesperrt und mit Blutegeln gequält worden. Als der Aufseher am nächsten Morgen nach ihm sah, war ein Leuchten auf seinem Gesicht. Ja, sein Gesicht strahlte einen großen Frieden aus, den er trotz der Leiden bei Gott gefunden hatte. Sein Geheimnis war: Er lebte mit Gott und betete viel in der Stille und Einsamkeit. Auch er praktizierte das Psalmwort in den schwierigsten Lagen: Ich aber bete. Und wir?

PSALM 110,2

Herrsche inmitten deiner Feinde!

Friedenskind

Vor vielen Jahren erschien ein Buch, das den Streit verfeindeter Eingeborenen-Stämme in Neuguinea dokumentierte: *Das Friedenskind.* Missionare wohnten unter den Eingeborenen und mussten zusehen, wie sie sich gegenseitig bekämpften und töteten. Unter den Eingeborenen-Stämmen galt lange Zeit das Prinzip: Du musst deinen Gegner mit Freundschaft mästen. Und dies so lange, bis man ihn im wörtlichen Sinne abschlachten konnte.

Nun, ganz so fern ist uns diese Methode gar nicht. Im deutschen Stasi-Staat gab es diese Methode in etwas abgewandelter Form. Sich als Freund auszugeben und diese Freundschaft dann dazu zu nutzen, den andern an die Stasi zu verraten, kommt der Sache ziemlich nahe.

Damals in Neuguinea wollte der Missionar Don Richardson schon aufgeben und diesen Stamm der Kannibalen und Kopfjäger verlassen, weil sie so gewalttätig waren, doch sie baten ihn zu bleiben. Dann erlebte er eine Zeremonie, die seine Bemühungen um Frieden veränderte.

In einem feierlichen Akt gab der Häuptling eines Stammes seinen Sohn dem Häuptling des Nachbarstammes. Dort, bei den Feinden, sollte er aufwachsen und einen neuen Namen bekommen. Dort sollte er herrschen als Friedenskind. Und solange es ihm im feindlichen Stamm gut ging und er dort friedlich heranwachsen konnte, so lange wollte man Frieden halten. Auf einmal wusste der Missionar, wie er dem Stamm die Geschichte von Jesus erklären konnte.

„Jesus", so sagte er den Stammesleuten, „ist das Friedenskind geworden für alle Völker und Stämme und für allen Streit und für alle Verfeindungen unter den Menschen." Das war sein neuer Ansatz. Dazu hatte er die Bibel auf seiner Seite. Vom AT an konnte er aufzeigen, dass uns Menschen ein Sohn gegeben worden ist. *„Und die Herrschaft ist auf seiner Schulter; und er heißt Wunder-Rat, Gott-Held, Ewig-Vater, Friede-Fürst"* (Jesaja 9,5). In Bezug auf die Geburt Jesu sprach er über die Botschaft der Engel, die den Hirten von Bethlehem verkündeten: „Friede auf Erden – durch dieses Kind." Und dann konnte er ihnen noch das Wort Jesu bringen, das er seinen Jüngern sagte: *„Frieden lasse ich euch, meinen Frieden gebe ich euch"* (Johannes 14,27). Die Botschaft erfasste viele Herzen. Die Situation in dem Eingeborenen-Stamm änderte sich dramatisch. Frieden kehrte ein.

PSALM 111,2

**Groß sind die Werke des Herrn;
wer sie erforscht, der hat Freude daran.**

Der springende Fisch

In der Ruhe des Bayerischen Waldes sind meine Freundin Jannette und ich mit unseren Mountainbikes unterwegs. Wir tauchen ein in die Schönheit der Schöpfung zwischen vollgrünen Wiesen und urwüchsigen Wäldern. Wir kommen an Fischzuchtanlagen vorbei. Ein Teich liegt am anderen. Alles ist ruhig und still, eine Welt ohne Lärm, nur mit einem zarten Geräusch aus der Natur dann und wann.

In einem Meer aus dunkelrosaroten Springkrautblüten, an einen alten Baum gelehnt, entdecken wir eine noch ältere Holzhütte. Ein schönes Bild, wie sie altersschwach, der Zeit ergeben, die Stärke des kräftigen Stammes in Anspruch nimmt.

Ich hole den Fotoapparat und halte diese Impression aus mehreren Perspektiven fest. Hinter mir höre ich es in den Teichen platschen. Das können nur Fische sein, die aus dem Wasser springen ... Als ich fertig bin mit Knipsen, drehe ich mich um und warte freudig darauf, einen der springenden Fische zu sehen. Ich warte, und nichts passiert. Es ist schon fast ein wenig lächerlich, mindestens drei Platscher habe ich hinter meinem Rücken gehört, und jetzt will keiner mehr?

Vielleicht ... es gäbe da ja noch eine Möglichkeit, Einfluss auf die Fischwelt zu nehmen. Immerhin hat Gott die Fische gemacht. Und ich nenne ihn Vater, und Jesus ist mein bester Freund. Na, dann ... : „Jesus, kannst du bitte einen Fisch für mich aus dem Wasser springen lassen? Ich würde gerne sehen, wie ein Fisch springt!" Angespanntes Warten. Eigentlich ist es nichts Wichtiges, und ich wehre innerlich die Gedanken ab, dass ich Gott gerade um eine echte Bagatelle bemühe. Aber ich bin überzeugt, dass mein irdischer Vater auf jeden Fall Fische für mich springen lassen würde, ebenso wie ein Freund das auch veranlassen würde, wenn er es könnte ... Ich warte immer noch. Der Teich liegt friedlich-still vor mir. Nichts bewegt sich.

Enttäuscht gehe ich langsam weg vom Teich. Warum hat Jesus das jetzt nicht gemacht? Jannette und ich folgen dem Wiesenweg in den Wald hinein. Wir schieben die Räder den ansteigenden Waldweg hinauf.

Als der Waldweg wieder eben wird, machen wir eine Pause und verschwinden kurz zwischen den Bäumen. Ich tauche immer weiter ins Unterholz ein und sehe es grün durch die Bäume blitzen. Ich komme zu einer ganz und gar moosbewachsenen Lichtung. Alles ist grün und weich und licht. Mich durchflutet ein Glücksgefühl. Am anderen Ende der Lichtung führt ein alleenartiger Gang durch die Bäume, deren Äste mit Flechten wie mit Lametta behängt sind. Ich bin an einem Ort, der etwas Unirdisches hat. Und ich spüre ganz deutlich, dass Gott da ist. Aber es ist mehr als nur ein Gefühl, es ist wirklich. Mir ist, als würde er mir sagen: „Ich bin hier, ganz nah bei dir, und sehe dich. Du bist mir so wichtig. Glaube nicht, dass das anders wäre, nur weil du keinen springenden Fisch gesehen hast. Ich bin dein Vater."

Alles, was ich sehe, gehört Gott – was ich fühle, berührt sein Herz. Danke, Vater, dass du mich mehr liebst, als ich begreifen kann. Und dass die Echtheit deiner Liebe und Fürsorge nicht an springenden Fischen hängt und viel realer ist, als ich verstehen kann. Ich will dir glauben, dass sich deine Liebe zu mir niemals ändert, nie weg ist, weder klein ist noch unstet oder von irgendwelchen äußeren Umständen abhängt.

Am nächsten Tag wanderten wir durchs Waldnaabtal und machten an einem See Rast. Am Ufer sahen wir wunderschöne grüne Frösche. Wir saßen auf einem Steg in der Sonne und unterhielten uns über das Leben und vor allem über Gott. Plötzlich sprang, direkt vor meinen auf den See gerichteten Augen, ein Fisch aus dem Wasser. Er schoss mit dem Kopf voran nach oben aus dem Wasser und fiel zurück ins Nass. Er war gar nicht, wie von mir erwartet, in einem Bogen gesprungen, sondern einfach Richtung Himmel. Ich war ziemlich sprachlos, Jannette auch. Hurra – ich hatte einen Fisch gesehen, der aus dem Wasser sprang!

Diese erlebte Geschichte wird mich immer daran erinnern, dass ich in Gottes geschaffener Welt lebe. Er sieht mich in den weiten Wäldern, er kennt meine unbedeutenden Fragen. Er hört und liebt mich so persönlich, dass mehr nicht möglich ist. Und was immer er auch tut oder nicht tut – ob ich Fische springen sehe oder nicht –, alles hat einen tiefen Sinn und ist geboren aus seiner Liebe zu mir und seiner Welt.

ES

PSALM 112,5

Wohl dem, der barmherzig ist und gerne leiht und das Seine tut, wie es recht ist!

Geliehenes Glück

Die „Wohl dem"-Worte der Psalmen machen deutlich: Der Mensch, der dies tut, ist in Gottes Augen ein glücklich zu nennender Mensch. Wir können deshalb deutlich formulieren: Glücklich in Gottes Augen ist der Mensch, der barmherzig ist, gerne leiht und das Richtige tut.

Dankbar blicke ich auf Geschehnisse zurück, in denen uns Menschen nicht nur Kleinigkeiten geliehen haben, sondern auch Größeres, das uns echt zur Hilfe wurde. Ein Glaubensbruder aus Mittelfranken stellte uns für einige Monate ein Auto zur Verfügung, mit dem wir nach England fahren konnten, um dort in Vorbereitung auf den Missionsdienst noch intensiver die englische Sprache zu lernen. Kurz zuvor waren wir in Amerika gewesen. Und dort konnten wir einen Monat lang das Haus eines christlichen Leiters ganz für uns nutzen. Jahre später halfen uns einige Freunde in mühevoller Arbeit, unser altes Haus zu renovieren. Sie liehen uns ihre Fähigkeiten und Kräfte. Andere Freunde liehen uns zeitweise Geld, das wir dann in kurzer Zeit wieder zurückzahlen konnten.

Wie dankbar sind wir für diese und andere barmherzige Taten. Wahrscheinlich hat Gott ein doppeltes Glück für uns im Auge. Zum einen will er den belohnen und beschenken, der gerne leiht, und zum anderen will er demjenigen Hilfe und Segen bringen, der die Leihgabe braucht und annimmt. Es ist dies wohl eines der Markenzeichen christlichen Lebens. Allerdings ist bei uns in der westlichen Welt auch eine Tendenz zu spüren, dass man denkt: Jeder hat ja so sein Auskommen, und für die Schwachen und Armen im Land ist entweder der Staat oder eine soziale Einrichtung zuständig. Barmherzig zu sein und gerne zu leihen und das Rechte zu tun, dies entspricht jedoch zutiefst dem Wesen Gottes und unseres Herrn Jesus Christus. Und wenn wir in dieser Spur leben, als Einzelne und als

Gemeinde, folgen wir dem Meister nach und lassen unser Licht leuchten vor den Leuten.

PSALM 113,3

Vom Aufgang der Sonne bis zu ihrem Niedergang sei gelobet der Name des Herrn!

Land der aufgehenden Sonne

Ich bin in einem kleinen Dorf aufgewachsen. Früh schon nahm ich an allen möglichen kirchlichen Treffen teil. Als Teenager wirkte ich engagiert in der Jugendarbeit mit. Eines Tages sagte unser Pfarrer, er hätte einen japanischen Theologiestudenten eingeladen. Er studiere in Deutschland und würde einen Vortrag halten. Wir Jugendlichen sollten unbedingt dabei sein. An den Vortrag erinnere ich nicht mehr, nur noch an das, was beim gemütlichen Beisammensein im Anschluss geschah. Der japanische Student erzählte von seinem Land und lud uns mit herzlichen Worten ein, doch einmal nach Japan zu kommen. „Unvorstellbar, nie im Leben werde ich da wohl hinkommen“, dachte ich, als er diese Einladung aussprach.

Gut zehn Jahre später war ich tatsächlich dort. Als Mitarbeiter des OM-Schiffes *Logos* flog ich nach Tokio. Dort konnte ich bei einer englischen Missionarsfamilie wohnen und zusammen mit anderen den Besuch des Schiffes in Yokohama vorbereiten. Zwei Monate später war ich tief eingetaucht in das japanische Leben.

Ja, ich war im Land der aufgehenden Sonne nicht nur angekommen, sondern mein Herz war entzündet. Ich hatte das Privileg, zusammen mit einem anderen Mitarbeiter und einer Übersetzerin viele japanische Gemeinden, Pastoren, Evangelisten und Missionare kennenzulernen. Sie alle waren bemüht, im Land der aufgehenden Sonne das Wort Gottes zu verbreiten. Jeden Sonntag besuchten wir einen oder mehrere japanische Gottesdienste. Und obwohl ich so gut wie nichts verstand, war mir klar: „Hier wird derselbe Gott gelobt und gepriesen." Und Gott öffnete viele Türen für den Besuch des Missionsschiffes. Zur Eröffnung der Buchausstellung auf dem Schiff kam sogar ein Bruder des damaligen Kaisers.

Wenige Jahre später waren meine Frau und ich im Missionsdienst in Japan. Es dauerte einige Jahre, bis ich meine erste Predigt halten konnte. Doch dann kamen einige Jahre, in denen ich so gut wie jeden Sonntag vor einer kleinen japanischen Gemeinde stand und den Japanern das Wort Gottes in ihrer Sprache auslegen konnte. Und wenn die Menschen in der Heimat noch tief schliefen, feierten wir schon am Sonntagmorgen Gottesdienst in der Chapel in Taketoyo.

Ja, und so steht die Kirche dort in Japan auch heute noch unter der Leitung eines Missionars. Jeden Sonntag erklingt dort weiter das Lob Gottes.

Es ist eine gewaltige Tatsache, dass zu jeder Zeit auf dem weiten Erdenrund Loblieder erklingen.

Wenn die einen das Loben beenden, fangen andere irgendwo auf der Erde mit dem Lob wieder an.

Ja, sein Lob erklingt allezeit – und unsere Stimme darf dabei sein.

PSALM 114,1-2

**Als Israel aus Ägypten zog,
das Haus Jakob aus dem fremden Volk,
da wurde Juda sein Heiligtum,
Israel sein Königreich.**

Erlösende Führung

Der Auszug aus Ägypten und die Wanderung durch die Wüste ins Gelobte Land sind auch für uns im 21. Jahrhundert lebende Christen ein Beispiel für Befreiung, Glaubenskämpfe und das Ziel unseres

Lebens. Vor allem aber dürfen wir an Israel sehen, dass, wenn Gott jemanden erwählt, dieser Mensch oder diese Gemeinde eine heilige und königliche Würde bekommt. Es ist schon über 40 Jahre her, dass ich einige Monate in England verbrachte. Schon damals haben mich Melodie und Text des folgenden Liedes angesprochen. Inzwischen habe ich einen deutschen Text dazu gedichtet. Im englischen Original heißt es „Guide me, o thou great Jehovah". Es erinnert an den Auszug aus Ägypten und daran, dass Gott uns hindurchführen wird, bis zum Ziel.

Mein deutscher Text dazu lautet:

Führe mich, du mein Erlöser,
führ mich durch dies Erdenland.
Ich bin schwach, doch du bist mächtig,
halt mich fest an deiner Hand.
Brot vom Himmel, Brot vom Himmel,
mache meine Seele satt;
mache meine Seele satt.

Öffne mir die klare Quelle,
aus der Heilungswasser quillt.
Lass die Feu'r- und Wolkensäule
mich begleiten als mein Schild.
Mein Befreier, mein Befreier,
sei mir immer Schutz und Kraft;
sei mir immer Schutz und Kraft.

Wenn ich einst an Jordans Ufer steh,
dann stehe du mir bei.
Todesangst, der Hölle Drohen
können nicht das Letzte sein.
Lass mich hören deine Stimme,
und dann sing ich dir im Chor
tausend Halleluja vor.

PSALM 115,3.12

**Unser Gott ist im Himmel;
er kann schaffen, was er will.
Der Herr denkt an uns und segnet uns.**

PSALM 116,1.2

**Das ist mir lieb, dass der Herr
meine Stimme und mein Flehen hört.
Denn er neigte sein Ohr zu mir,
darum will ich mein Leben lang ihn anrufen.**

Von Gott angenommen

Ich wuchs zur Zeit des Kommunismus in einem deutschen Dorf in Kasachstan auf. Von meiner Geburt an haben sich meine Eltern bemüht, mich unter den Segen Gottes zu stellen. Ich wurde als Kind getauft und später konfirmiert. Taufen und Konfirmationen wurden jedoch meist nachts durchgeführt, und Gottesdienste wurden in privaten Häusern abgehalten, immer nur zwei bis drei Wochen lang in einem Haus. Danach wurden die Bänke, auf denen man saß, nachts von uns Kindern in ein anderes Haus getragen.

Da ich der älteste von neun Kindern war, bekam ich auch das meiste ab: sowohl Arbeit aller Art als auch Schläge. Sobald für mich die Zeit kam, einen Beruf zu erlernen, ging ich in eine Großstadt. Da stieß ich auf einen Lebensstil, den ich so noch nicht kannte, der mir aber immer mehr gefiel. Die Kinder und Jugendlichen dort sprachen ganz anders mit ihren Eltern, als es bei uns üblich war. Von dem Leben in der Großstadt dachte ich: „Das ist das wahre Leben." Das Elternhaus hatte ich verlassen, weil es mir zu eng geworden war und ich den Druck nicht mehr aushalten konnte. Ich kam noch zu Besuch, doch ich wollte nicht mehr so „fromm und eng" leben wie meine Familie. Ich zog hinaus in die Wüste der Welt. Ein wenig wollte ich es dem Verlorenen Sohn nachmachen. Geistlich gesehen begab ich mich jedoch in Todesgefahr.

Als wir nach Deutschland kamen, hielten wir als Russland-Deutsche zusammen, und ich war wieder mehr in der Glaubensspur. Doch ging ich lange Jahre mehr oder weniger nur aus Tradition jeden Sonntag mit meiner Frau und den Kindern in die Gemeinde. Bis eines Tages Gott in einer Predigt deutlich zu mir sprach. Auf einmal wusste ich: Gott will mich ganz haben. Und ich habe ihm in dieser Stunde mein Leben gegeben. Er hat mich angenommen. Deshalb kann ich mit dem Psalmbeter sagen: „Der Herr hörte meine Stimme. Er neigte sein Ohr zu mir."

Heute, viele Jahre später, bin ich Teil einer herzlichen Brüdergemeinde und kann aber auch in der Evangelischen Kirche als Prädikant Dienst tun. Von ganzem Herzen bekenne ich: „Der Herr Jesus Christus ist gnädig und von unendlich großer Barmherzigkeit zu mir." Und ich kann sagen: „Ich liebe den Herrn, weil er mich angenommen und seine Liebe in mein Herz ausgegossen hat."

SchV

PSALM 117,1-2

Lobt den Herrn, alle Nationen!
Rühmt ihn, alle Völker!
Denn mächtig über uns ist seine Gnade!
Die Treue des Herrn währt ewig! Halleluja! (ELB)

Gott meint alle

Es ist hilfreich zu wissen, dass unser Psalmwort zur Passahliturgie (Psalm 113–118) gehört, die Jesus am Schluss des Passahmahls als „Lobgesang" mit seinen Jüngern sang. Es gibt den Versen eine herausragende Bedeutung.

Psalm 117 ist der kürzeste unter den Psalmen. Aber er hat es in sich! Da ist Dynamit drin. Hier steht es schwarz auf weiß: Alle Nationen, alle Gojim (im Hebräischen), werden aufgefordert, Jahwe, den Gott Israels, zu preisen. Also nicht: Jede Gottheit der Völker, jede Religion soll gepriesen werden, sondern Jahwe, der Gott Israels, soll von allen Völkern gepriesen werden! Denn er steht über allen

Göttern. *„Denn du sollst zum Erbteil haben alle Nationen (nicht-israelitischen Völker)"* (Psalm 82,8). Diese Aussage steht als Herausforderung im Raum und passt so gar nicht zu unserem derzeitigen Weltbild, in dem alle Götter hofiert und gleichermaßen toleriert werden. Dieser Anspruch Gottes hat sein Volk, die Juden, manche Blutstropfen gekostet.

Deswegen fragen wir uns: Womit wird im Psalm dieser Universalanspruch gerechtfertigt? Die Antwort gibt der nächste Vers. Ich übersetze aus dem Hebräischen: *„Denn gewaltig waltet über uns (allen) seine Gnade und die Treue Jahwes in Ewigkeit."*

Seit dem Kommen, Sterben und Auferstehen Jesu gilt die Gnade Gottes allen Menschen.

Gewaltig ist sein Arm ausgestreckt, damit die Kunde vom Kreuz auch die Letzten erreicht. Auf die Treue Jahwes ist Verlass. Er steht zu seinen Zusagen.

Deswegen ist es von so hoher Bedeutung, dass Jesus diese Verse als zuvorkommenden Lobpreis gesprochen hat. Er proklamiert damit die universalen Ausmaße seines Heilswerks, in dem alle Völker inbegriffen sind. Schon in Jesaja 46,9 lesen wir, wie Jahwe, der Herr, spricht: *„Ich bin Gott, und sonst keiner, ein Gott, dem nichts gleicht."*

Da bleibt uns nur ein „Hallelujah: Lasst uns Jahwe preisen!", denn „-jah" ist die Kurzform von Jahwe, der Name, der im Namen Jesus/Jehoschua enthalten ist (vgl. Johannes 17,11-12!). Amen. Beide, Juden und Heiden, singen seitdem in einem weltweit stärker werdenden Chor: „Jesus ist mein Erlöser. Er ist das Lamm Gottes."

SV

PSALM 118,5

**In der Angst rief ich den Herrn an;
und der Herr erhörte mich und tröstete mich.**

Angstsituationen

In der Angst, als ich zur Bundeswehr sollte und Befreiung beantragte,

da rief ich den Herrn an,.

und obwohl mir keine Befreiung gewährt wurde, verschwand auf mysteriöse Weise meine Akte, und ich hörte nie wieder von der Behörde. So konnte ich im vollzeitlichen Dienst für Jesus bleiben.

In der Angst, als ich lange nicht wusste, wen Gott für mich bestimmt und ich schon manche Enttäuschung erlebt hatte,

da rief ich den Herrn an,

und er führte mich zu ihr, und sie kam zu mir. Seitdem sind fast 40 gute gemeinsame Jahre vergangen.

In der Angst, als unser kleines Kind nicht essen wollte, es schon ganz schwach war und wir es ins Krankenhaus einliefern mussten,

da riefen wir den Herrn an,

und sowohl der Aufenthalt im Krankenhaus als auch der gute Rat des Arztes halfen unserer Kleinen und uns, und es wurde besser.

In der Angst, als ich einen Nervenzusammenbruch erlitt und in tiefe Depressionen stürzte,

da riefen wir den Herrn an,

und Klinik, Freunde, Medizin, vor allem aber meine Frau und Gebet halfen mir, und wir konnten nach gut drei Jahren unsere Missionsarbeit wieder aufnehmen.

In der Angst, als unser Kind seine Hand in den laufenden Mixer gesteckt hatte und wir mit der blutverschmierten Hand ins Krankenhaus eilten,

da riefen wir den Herrn an,
und da half uns der Arzt, und die Hand wurde wieder heil.

In der Angst, als unser Sohn in der Zeit der Abiturprüfungen immer mal wieder Atemprobleme und depressive Phasen durchlebte,
da riefen wir den Herrn an,
und er bestand die Prüfung, konnte später studieren, eine liebe Frau finden und ist heute ein gestandener Ehemann und Vater und Lehrer am Gymnasium.

In der Angst, als ich entlassen wurde und arbeitslos war,
da riefen wir den Herrn an,
und nach einem halben Jahr hatte ich eine wunderbare Anstellung als Gemeindediakon, die ich über 13 Jahre lang, bis zur Rente, beibehalten konnte.

In der Angst, als bei mir vor ca. zehn Jahren eine Lungenfibrose diagnostiziert wurde,
da riefen wir den Herrn an,
und durch einen gläubigen Arzt lernte ich einen gläubigen Professor und Facharzt kennen und bin seitdem bei ihm in sehr guten Händen.

Ja, es stimmt, damals und heute: Wenn wir den Herrn in unserer Angst und Not anrufen, dann erhört er uns und tröstet uns.

PSALM 119,72

Das Gesetz deines Mundes ist mir lieber als viel tausend Stück Gold und Silber.

Bibel-Wert

Stellen Sie sich vor, Sie würden eine überdimensional große Bibel aus Kunstoff in Ihren Vorgarten stellen und darauf schreiben: „Gottes Wort – Brot des Lebens." Wie würden die Passanten wohl reagieren? Die einen würden vielleicht ein „Like it / Gefällt mir" draufkleben wollen. Andere würden die Bibel aber gerne mit Tomaten oder Eiern bewerfen. Und je nachdem, in welcher Stadt oder in welchem Stadtgebiet solch ein Vorgarten mit der Bibel stünde, würde die Bibel wohl auch umgestoßen oder zerstört werden.

Ja, die Bibel hat in der Geschichte der Menschheit schon viele Reaktionen hervorgerufen. Sie hat Freunde und Feinde und viele, die ihr gegenüber eher gleichgültig sind und bei denen sie im Regal verstaubt.

Der Theologe Professor Klaus Berger berichtet von seinem Religionslehrer: „Wenn er zornig wurde, schlug er mit einer alten, verstaubten Bibel auf den Tisch. Zu unserer großen Freude gab das alte Buch immer neue Wolken von Staub von sich." So ähnlich betrachten viele die Bibel. Für sie ist die Bibel ein verstaubtes, altmodisches Buch mit märchenhaften Erzählungen.

Ich selbst bekam bereits in meiner Kindheit einen Zugang zur Bibel und begann darin zu lesen. Auf der Bibelschule merkte ich dann, dass mir das Auswendiglernen von Bibelversen richtig Freude bereitete. Das merkten auch andere. Eines Tages meinte ein Mitschüler, ich könnte doch mal den längsten Psalm der Bibel auswendig lernen. Das ließ ich mir nicht zweimal sagen, zumal er mir 10 DM versprach. Nach 50 Tagen war es so weit. In einem kleinen Zimmer konnte ich ihm und einem anderen Freund alle 176 Verse fast fehlerfrei aufsagen.

Vor ein paar Jahren stapfte ein japanischer Wanderer durch meinen kleinen Heimatort. Bei einem Ehepaar in der Nachbarschaft fand er Quartier für eine Nacht. Die Nachbarsfrau holte mich dann, um herauszufinden, was er wollte. Nun, er war unterwegs für eine Firma, um einen neuen Wanderführer zu schreiben. Er wollte weiter zu Fuß bis nach Rom. Ich schenkte ihm zum Abschied ein japanisches NT. Etwa zwei Jahre später rief er mich an und sagte, er wäre in Frankfurt und wolle mich besuchen. Und so kam er und bedankte sich und sagte, das Buch hätte einen starken Einfluss hinterlassen.

Ja, wie wahr und kostbar die Bibel wirklich ist, das erfährt nur der, der sie liest und dem Wort glaubt. Vielleicht kostet es etwas Zeit, bevor sie sich einem Menschen erschließt. Doch dort, wo er sich diese Zeit nimmt und auch Fragen mit anderen Christen bespricht, dort entsteht ein Gottesbild, das der Heilige Geist mitgestaltet. Und vor allem sehen wir dann, wer Jesus ist, wie ein Leben mit ihm gelingen kann und was Sinn und Ziel unseres Lebens ist. Deshalb ist die Bibel kostbarer als alles Gold der Welt.

PSALM 120,7

Ich will nur Frieden. (ELB)

Das Gebet des Franz von Assisi:

Herr, mache mich zu einem Werkzeug deines Friedens.
Dass ich liebe, wo man hasst;
dass ich verzeihe, wo man beleidigt;
dass ich verbinde, wo Streit ist;
dass ich die Wahrheit sage, wo Irrtum ist;
dass ich Glauben bringe, wo Zweifel droht;
dass ich Hoffnung wecke, wo Verzweiflung quält;
dass ich Licht anzünde, wo Finsternis regiert;
dass ich Freude bringe, wo der Kummer wohnt ...

PSALM 121,7

Der Herr behüte dich vor allem Übel, er behüte deine Seele.

Vergessene Bitte

Ich frage mich: Warum sprechen wir diese Gebetsbitte nicht häufiger aus oder schreiben diesen Satz nicht öfter als Wunsch auf für Menschen, die uns am Herzen liegen? Doch was meint der Psalmbeter genau, wenn er diesen Wunsch ausspricht? Ich kann es nur erahnen und stelle mir vor, er meint zum einen das Übel, das uns von außen her begegnen kann, wie Unglück, Krankheit, böse, verführerische Menschen und Ideologien. Doch zum anderen meint er wohl auch das Böse, das in uns selbst Wurzel schlagen will und wie ein Gift unserer Seele Schaden zufügen kann. Ja, die Seele, sie ist besonders empfindsam. Wenn sie getroffen und vergiftet wird, dann gerät ein ganzes Leben auf die schiefe Bahn. Wie traurig ist es zu sehen, dass Menschen, die einmal klar ihren Weg mit Jesus gingen, irgendwann einen seelischen Knacks oder eine Vergiftung erlitten und dann einen ganz anderen Weg einschlugen. Vielleicht waren sie sogar einmal in einer theologischen Schule oder aktiv in einem Dienst in der Gemeinde oder in der Mission. Vielleicht waren es auch Enttäuschungen, die sie durch Mitchristen erlebten. Und anstelle von geistlicher Nahrung hat sich dann ein übles Seelengift verbreitet. Nein, es ist kein Luxus, wenn wir diesen Wunsch äußern oder ihn zum Gebet machen. Oft schreibe oder sage ich als Wunsch am Ende einer Mail oder eines Schreibens: „Gott befohlen." Und ich möchte es mir verstärkt zu Herzen nehmen, dieses Psalmwort als Ergänzung dazuzufügen: „Gott befohlen. Er behüte dich vor allem Übel, er behüte deine Seele." Ja, die Gesundheit der Seele ist wesentlich, damit sie weiterhin auf Gott vertraut, damit sie weiterhin gute geistliche Nahrung erhält und damit kein Riss und kein Gift sie krank machen und zerstören kann. Sie ist kostbar und muss behütet werden von dem, welcher der rechte Seelenarzt ist.

PSALM 122,1

Ich freute mich über die, die mir sagten: Lasset uns ziehen zum Hause des Herrn!

Jerusalem

Wer einmal in Jerusalem war, möchte immer wieder dorthin. Diese Erfahrung habe nicht nur ich selbst gemacht. Ich durfte ein ganzes Jahr dort leben und arbeiten. Das hat mich tief geprägt. Von vielen anderen Menschen weiß ich auch, dass die Sehnsucht nach der Heiligen Stadt sie nicht mehr loslässt.

Eigentlich bin ich skeptisch, was „heilige Orte" angeht. Gott ist schließlich überall! Und doch: In Jerusalem spürt man, dass die Atmosphäre anders ist. Außergewöhnlich. Nichts ist alltäglich hier. Und ist das nicht genau eine Umschreibung des Wortes „heilig"? Alles ist anders in dieser Stadt, nichts scheint einfach nur profan zu sein.

Das muss schon früher so gewesen sein. Die Begeisterung für Jerusalem und für den Tempel dort zieht sich durch die ganze Bibel. Wallfahrten nach Jerusalem gehörten zu den absoluten Höhepunkten des Jahres. Hier traf man Bekannte wieder, die sonst das ganze Jahr über unerreichbar waren. Hier wurde gefeiert, gelacht und getanzt. Und gerade dadurch Gott gelobt und ihm die Ehre gegeben.

Das ist auch heute noch so. Auch wenn der Nahostkonflikt ständig präsent ist und man sich erst an junge Soldatinnen und Soldaten mit Maschinengewehren im Straßenbild gewöhnen muss: Wird in Jerusalem nicht nur deutlicher, was auch anderswo für das Leben gilt? Nirgendwo ist der Himmel auf Erden verwirklicht. Überall gibt es Probleme und Streit. Überall droht Gewalt. Aber gerade in diesem scheinbar normalen Leben ist Gott gegenwärtig. Und er macht den „Alltag" heilig.

Jerusalem hat eine besondere Ausstrahlung. Das wird auch in Zukunft so sein. Die Bibel endet mit dem Ausblick auf das neue, himmlische Jerusalem, das auf die Erde herabkommen wird. Dann wird der heilige Gott endgültig und unübersehbar mitten unter den Menschen gegenwärtig sein. Was wir jetzt erst als Vorgeschmack spüren dürfen, wird dann vollendet sein. Alle Schmerzen werden vorüber sein, alle Tränen getrocknet, alle Konflike gelöst. Dann wird der Himmel auf Erden Realität sein.

Ich freue mich jedes Mal, wenn jemand zu mir sagt: „Lasst uns ziehen zum Haus des Herrn." Nach Jerusalem reise ich immer gerne – als ob der Psalm gerade erst verfasst worden wäre. Denn hier kann ich besonders deutlich spüren, was überall gilt: Der heilige Gott ist nahe. Mit ihm habe ich allen Grund, mich auf eine grandiose Zukunft zu freuen.

KP

PSALM 123,1

Zu dir hebe ich meine Augen auf, der du im Himmel thronst. (ELB)

In aller Nacht

Manchmal sind es lange Wege,
auf denen wir gehen.
Manchmal sind es kalte Zeiten,
in denen wir stehen.
Manchmal bleiben unsre Herzen
lange leer.
Manchmal sind viele Tage
finster, hart und schwer.

Doch Gottes Stimme spricht:
Verzage nicht!
In jedem Sturm der Angst bin ich.
In aller Nacht der Welt das Licht – sieh auf mich.

ES

PSALM 124,7

**Unsre Seele ist entronnen
wie ein Vogel dem Netze des Vogelfängers;
das Netz ist zerrissen, und wir sind frei.**

Starke Befreiung

Ich erinnere mich an eine Begebenheit. Unsere Kinder waren mit unserem Sheltie spazieren gegangen und kamen in die Nähe eines Spielplatzes. Dort spielten auch zwei fremde Kinder. Als unser Hund sie sah, rannte er freudig auf sie zu. Sie erschraken und liefen weinend nach Hause. Passiert war nichts. Doch nur kurze Zeit darauf meldete sich ein Verwandter der Kinder und behauptete, der Hund hätte die Kinder angegriffen und verletzt. Außerdem wäre eine

Jacke zerrissen, wir sollten eine gewisse Summe bezahlen. Unsere Kinder berichteten jedoch, dass dies nicht stimmte. Da wir unseren Hund gut einschätzen konnten, waren wir uns sicher, dass er nur hatte spielen wollen und weder zugebissen noch eine Jacke zerrissen hatte. Auch wurde uns die Jacke nicht vorgelegt. Noch am Abend kam die Polizei, von der anderen Seite geschickt, und nahm unsere Personalien auf.

Wenig später erhielten wir Post von einer Rechtsanwältin mit der Forderung, über 10.000 DM zu bezahlen. Wir waren schockiert und holten uns Rat bei einem Verwandten, der sich mit solchen Sachen auskannte. Er machte uns allerdings wenig Hoffnung, dass dies ohne Geldzahlung von unserer Seite gelöst werden könne. In solchen Sachen käme es meist zu einem Vergleich, meinte er. Gleichzeitig schrieben wir an die Rechtsanwältin, wie unsere Kinder das Ganze erlebt hatten.

In regelmäßigen Abständen landeten die Forderungen der Rechtsanwältin in unserem Briefkasten. Immer mehr Druck wurde aufgebaut, die hohe Summe umgehend zu bezahlen. Das Netz zog sich immer enger zusammen. Und immer wieder verfasste ich Briefe, die das Ganze anders erklärten und die Darstellung der Gegenseite infrage stellten. Die Sache zog sich über ein halbes Jahr hin. Immer wenn ich zum Briefkasten ging und einen neuen Brief der Rechtsanwältin sah, ahnte ich nichts Gutes. In dieser Zeit machte ich ab und zu Gebetsspaziergänge und warf das Anliegen im Gebet auf den Herrn. „Herr, schaffe uns Recht“, betete ich. „Du weißt doch, wie es wirklich war.“ Bei einem dieser Gebetsspaziergänge kam mir eine Idee. Als ich nach Hause kam, setzte ich sie sofort um. In einem erneuten Schreiben erinnerte ich die Anwältin daran, dass sie in ihrer Werbung auch ausdrücklich außergerichtliche Vereinbarungen für sinnvoll hielt. Ich bat sie, uns diese Chance zu gewähren und ein Treffen mit allen Beteiligten herbeizuführen, um letztlich eine außergerichtliche Entscheidung zu erzielen. Ich weiß noch, wie ich mit Eifer schrieb und händeringend um ein solches Zusammentreffen bat. Es war, als ob mir der Herr im Gebet diesen Gedanken und im Brief dann die rechten Worte geschenkt hätte. Hoffnungsvoll warf ich den Brief mit meinem Anliegen ein. Wir verharrten weiter im

Gebet und warteten gespannt auf Antwort. Doch nichts geschah. Zuvor waren immer ein, zwei Briefe pro Monat angekommen. Und jetzt auf einmal blieb eine Antwort aus. Keine Post landete mehr bei uns in dieser Angelegenheit. Das Netz war zerrissen, und wir waren frei. Keinen Pfennig mussten wir bezahlen. Warum die Sache von der anderen Seite auf einmal fallen gelassen wurde, können wir nur vermuten. Aber eines ist klar: Der Herr hat es in die Wege geleitet und uns aus dieser Situation buchstäblich gerettet, ohne dass uns ein finanzieller Schaden entstand. Ja, unser Herr ist ein Retter auch in solchen Angelegenheiten.

PSALM 125,1

Die auf den Herrn hoffen, werden nicht fallen, sondern ewig bleiben wie der Berg Zion.

Die unerschütterliche Hoffnung

Wir wollen ehrlich sein: Christen fallen und wanken im Laufe ihres Lebens. Niemand steht unerschütterlich wie der Jerusalemer Tempelberg, der Zion, der damalige Ort der Gegenwart Gottes (Vers 2). So einfach ist das nicht mit dem Hoffen und Vertrauen auf Gott und unserer Standfestigkeit. Gerade die Realität des Beters dieses Psalms ist bedrückend. Gottlose Mächte und ihre Götzenbilder regieren im Erbteil Israels, dem Heiligen Land (Vers 3). Gläubige drohen, im Trend der Mehrheitsmeinung mitzuschwimmen.

Realistisch bleiben. Zu vieles wird auch heute von Christen schöngeredet. Es passieren angeblich laufend Wunder. Aber es stimmt vorne und hinten nicht, weder im persönlichen Leben noch in der Gemeinde. Deshalb: Nicht mutlos werden, wenn wir selbst und andere in Glaubenskrisen geraten und wanken. Psalm 125,1 erfüllt sich nicht 1:1 in unserer Gegenwart. Dieses Bibelwort ist mit Zukunftsperspektive zu lesen. Vom Dreh- und Angelpunkt der

Weltgeschichte, vom lebendigen Gott her. HERR ist sein Name, hebräisch Jahwe. Der Jahwe steht schützend und bergend um die Gläubigen und um sein Gottesvolk herum (Vers 2). Er wankt nicht. Er ist unerschütterlich in seiner Fürsorge und Liebe zu seinen Leuten. Wie der Zion und die Jerusalemer Berge.

Mit konkreten Taten, mit Fakten in der Geschichte, nicht mit Gefühlen und Einbildungen, hat sich dieser Gott gezeigt: Israels Befreiung aus Ägypten, das Land, der Tempel. Der HERR hat bewiesen, dass er da ist und für sein Volk handelt. Auch und gerade, wenn er Bedrohungen geschehen lässt. Mit Jesus hat er gezeigt, dass er die Ewigkeit, die unerschütterliche Gemeinschaft mit sich, für uns alle will. Wir müssen Psalm 125,1 mit Ewigkeitsperspektive lesen. Wir mögen in unserem Leben fallen. Aber wir gehen nicht verloren. Wir mögen uns verlassen vorkommen, aber wir bleiben. Wir gehen nicht unter. Unser Name und unsere Geschichte bleiben im Buch des Lebens. Unauslöschlich. Wer sich dem Jahwe, dem Gott der Taten, ausliefert, wird umsorgt und nie vergessen. Mitten durch Krisen und Niederlagen hindurch. Jesus und Ostern zeigen es. Gott bleibt dir treu.

BPL

PSALM 126,5.6

**Die mit Tränen säen, werden mit Freuden ernten.
Sie gehen hin und weinen und
tragen guten Samen und kommen mit Freuden
und bringen ihre Garben.**

Saat und Ernte

Psalm 126 beschreibt, wie es den Gefangenen aus Zion in Babel erging, und zeigt zugleich, dass es einen Ausweg aus der

Gefangenschaft gibt. Am Anfang steht eine Tränensaat und am Ende eine Freudenernte. Wie können wir das verstehen? Was heißt es, mit Tränen zu säen? Ich muss an Petrus denken. In seiner frommen Selbstsicherheit war er felsenfest davon überzeugt, dass er Jesus niemals verleugnen würde. Als es dann aber doch geschah, weinte er bitterlich. Seine Tränen zeigten: „Ich sehe mein Versagen ein und stehe zu meiner Schuld." Und Jesus vergab ihm. Ja, mehr noch, Jesus beauftragte ihn, sein wichtiger Zeuge zu sein. An Pfingsten und in den folgenden Dienstjahren durfte er noch viel Erntefrucht für seinen Herrn einbringen.

Der Apostel Paulus musste die Korinther in seinem ersten Brief deutlich ermahnen. Dadurch wurden sie in einer gottgewollten Weise betrübt. Diese Betrübnis wirkte eine heilsame Buße. Man nennt diesen Brief, den Paulus geschrieben hat, auch den Tränenbrief. Ja, auch für gestandene Christen ist es immer wieder wichtig, Tränen der Buße und Umkehr zu säen. Denn dann werden wir auch immer wieder eine neue, freudige Ernte erleben.

Als ehemaliger Landwirt bewegt mich auch der letzte Vers in unserem Psalm: *„Sie gehen hin und weinen und tragen guten Samen."* Bei uns zu Hause wurde der Same vom ertragreichsten Acker gereinigt, und nur die besten Körner wurden dann wieder ausgesät. Das erinnert mich an ein altes Lied, das heißt: „Gib doch das Beste dem Meister." Das Beste ist immer das, was von Gott selbst kommt und was er selbst bewirkt. Und so sind wir aufgerufen, das Beste zu geben, das, was wir möglicherweise unter Tränen hergeben, aufgeben oder auch leisten müssen. Im Römerbrief spricht Paulus davon, dass wir unsere Leiber hingeben zu einem Opfer, das lebendig, heilig und Gott wohlgefällig ist.

Ja, wer so sät, der wird mit Freuden ernten. Der bringt eine volle Ladung nach Hause. Dies war mir als Landwirt immer die größte Freude, wenn ich zwei volle Wagen heimfahren konnte. Ich höre heute noch den Motoren-Sound vom Traktor. Da nimmt man alle Nebengeräusche mit hinein in seine Freude. Nichts trübt dann den Freudensinn. Und darum geht es auch: dass wir eine Ernte für den Herrn der Ernte einfahren. Dass Gefangene frei werden und Menschen Frucht bringen. Frucht in ihrem privaten Leben und Frucht im Miteinander in der Gemeinde. Und eines Tages, ja, da können wir dann die volle eingebrachte Ernte schauen. Dann werden wir sein wie Träumende, der Mund wird voller Lachen und unsere Zunge voller Jubel sein, weil wir es mit großen Augen sehen werden, dass der Herr Großes an uns und durch uns getan hat.

KW

PSALM 127,1

Wenn der Herr nicht das Haus baut,
so arbeiten umsonst, die daran bauen.
Wenn der Herr nicht die Stadt behütet,
so wacht der Wächter umsonst.

Bei Großmutter entdeckt

Dieser Vers hing, in schön verzierter Schrift gemalt und in einen kleinen Bilderrahmen gefasst, gut sichtbar bei meiner Großmutter über dem Sofa. Seit ich lesen kann, kenne ich daher dieses Wort. Ich kannte diese beiden Sätze auswendig, noch bevor ich sie verstand.

Aber dieser Vers klang so schön. Deswegen hat er sich mir eingeprägt. Und er wirkte so rätselhaft: Wie kann man vergeblich an einem Haus bauen? Wenn ich ein Haus aus Legosteinen baute, dann klappte das immer!

Mit der Zeit habe ich gemerkt, dass längst nicht immer alles gelingt, was ich mir vornehme. Viele Bemühungen bleiben umsonst. Ich habe es nicht in der Hand, was funktioniert. Sicher, ich kann und muss mich anstrengen; ich darf dazulernen und besser werden; ich soll meine Gaben einsetzen. Aber Erfolg ist letztlich doch nicht planbar. Da muss noch etwas anderes dazukommen.

Manchmal mache ich etwas gut (denke ich jedenfalls), aber das gewünschte Ergebnis stellt sich trotzdem nicht ein. Und umgekehrt bin ich manchmal am Ende meiner Möglichkeiten – und dann glückt das Projekt doch noch.

Ich muss sogar sagen: Die schönsten Erfolge waren für mich die, von denen mir ganz klar war, dass ich sie nicht aus eigener Kraft erreicht hatte. Ich selbst hatte schon aufgegeben, doch dann kam mir der entscheidende Impuls. Eine Idee, von Gott geschenkt. Oder ein Mensch, von Gott geschickt. Oder eine Situation, von Gott so eingefädelt. Und dann ging es weiter und wurde besser, als ich zu träumen gewagt hätte.

Ein Beispiel: Zu einer Predigt fiel mir beim besten Willen nichts ein. Ich wusste einfach nichts zu sagen. Eine Idee nach der andern verwarf ich als untauglich. Und die Zeit rann dahin. Würde der Gottesdienst ausfallen müssen? Ich, der ich mich sonst für einen ganz guten Prediger halte, hatte nichts zu sagen. Aber dann, am Sonntagmorgen, war mir auf einmal klar, was die Gemeinde hören sollte. Gott hatte mir die rechten Worte gegeben. Und die Gemeinde hörte gebannt wie selten zu.

Mir tun solche Erlebnisse gut. Angewiesen auf Gott bin ich sowieso. Aus eigener Kraft kann ich gar nichts, denn alles, was ich bin und habe, kommt von ihm. Wie schön, wenn mir das ausdrücklich bewusst wird: Gott begabt mich. Er sorgt dafür, dass ich meine Aufgaben erledigen kann. Er benutzt mich als sein Werkzeug. Er kann mich gebrauchen.

Denn natürlich soll das Haus gebaut werden. Gott baut mit. Und selbstverständlich sollen die Wächter die Stadt sicher beschützen. Gott hilft ihnen dabei. Daher gilt nicht nur: „Mit unsrer Macht ist nichts getan“, sondern vor allem auch: „Es streit‘ für uns der rechte Mann!“[15]

Man könnte den Psalmvers daher auch positiv formulieren: „Wenn der Herr das Haus baut, so werden die erfolgreich arbeiten, die daran bauen. Wenn der Herr die Stadt behütet, so wird dem Wächter nichts entgehen.“

Wie gut, dass meine Großmutter diesen Psalmvers aufgehängt hat. Ich habe davon gelernt, nicht auf meine eigene, sondern auf Gottes Kraft zu vertrauen.

KP

---

15 Ein feste Burg ist unser Gott
Martin Luther, vor 1529

PSALM 128,1

Glücklich ein jeder, der den Herrn fürchtet, der wandelt auf seinen Wegen. (ELB)

PSALM 129,1B.2

So sage Israel –, sie haben mich oft bedrängt von meiner Jugend auf; aber sie haben mich nicht überwältigt.

In Bedrängnis, aber …

Es ist ein drängendes Thema an der Schule, an der ich unterrichte: Mobbing. Und ich gebe es zu: Auch ich selbst habe es nicht leicht gehabt – schon im Kindergarten wurde ich verspottet, in der Schule manchmal sogar bespuckt. Es dauerte lange, bis ich lernte, dass viele Menschen mich durchaus mögen, es gut mit mir meinen und sich freuen, wenn ich ihnen etwas zu geben habe. Und so wie mir ging und geht es vielen in Schule und Beruf, neuerdings auf besonders brutale Weise auch im Internet.

Das Gottesvolk Israel hat im Laufe seiner langen Geschichte viele Tiefpunkte erlebt. Mehrmals wurde es militärisch vollkommen zerstört. Kulturell sollte es ausgerottet werden. Jahrtausendelang gab und gibt es Völker, die die Vernichtung Israels als Ziel haben. Auch Deutschland gehörte vor nicht allzu langer Zeit dazu. Und den meisten Nachbarn des modernen Staates Israel wäre das heutzutage immer noch am liebsten.

Israel wurde oft bedrängt. Aber es wurde nie überwältigt. Es ist das einzige Volk des Alten Orients, das heute noch als Staat existiert. Vielleicht kennen Sie die Aufforderung Friedrichs des Großen, König von Preußen, an seinen General und persönlichen Freund, den gläubigen Christen Hans Joachim von Zieten: „Nenne er mir einen Gottesbeweis!“ Die Erwiderung lautete: „Majestät – die Juden …“ Ja, dass Israel noch nicht überwältigt ist, ist ein deutlicher Hinweis darauf, dass Gott in der Geschichte handelt – und bewahrt.

Das soll für uns ein deutliches Zeichen sein: Gott bewahrt auch uns. Er hat die Macht dazu. Auch wenn uns die Bedrängnis übergroß erscheint, hat Gott doch Mittel und Wege, uns einen guten Weg zu führen und zum Ziel zu bringen.

Als ich in der siebten Klasse war, entschied ich mich bewusst, meinen Lebensweg mit Gott zu gehen. Ziemlich genau zur gleichen Zeit hörten meine Klassenkameraden auf, mich zu schikanieren. Es war ein doppeltes Befreiungserlebnis für mich: Freundschaft mit dem Herrn der Welt geschlossen zu haben und zugleich im alltäglichen Leben zu spüren: Ich bin auch wer, ich kann auch etwas, und ich werde meinen Weg gehen – mit Gott und mit Menschen, die mit mir unterwegs sind.

Als Christinnen und Christen sind wir auch heute noch manchem Spott ausgesetzt. Für den Glauben an Jesus verfolgt zu werden ist aktuell für Millionen Menschen weltweit traurige Wirklichkeit. Gott aber steht zu uns. Er schenkt uns wahre Freiheit, unabhängig von der Meinung anderer Menschen über uns.

In manchen Mobbing-Situationen benötigen die Opfer professionelle Hilfe. Wenn es aber darum geht, woher wir unseren Wert bekommen, dann dürfen wir einstimmen in das Bekenntnis Israels: *„Sie haben mich oft bedrängt von meiner Jugend auf; aber sie haben mich nicht überwältigt.“*

KP

PSALM 130,6

**Meine Seele wartet auf den Herrn
mehr als die Wächter auf den Morgen.**

Morgenerkenntnis

Ich warte ungeduldig auf den Sinn meines Lebens
in Form von Menschen, Ereignissen, Veränderungen ...
aber er ist schon da –
du, Jesus, bist es jeden Morgen,
jeden Tag hindurch
in die Nacht hinein und weiter ...

Die Aussage Gottes
„Sorge dich nicht“ meint,
dass wir nicht schon im Morgen leben sollen,
sondern im Heute.
Im Morgen liegt die Furcht vor einer unwirklichen Zukunft,
die noch ungeboren ist.

Im Heute liegen unsere Möglichkeiten mit ihm
in der Kraft der Tat,
in der Freude des Seins,
im Wert der Liebe
und in der Hoffnung des Lebens.
Im Heute ist Gott
und wird es auch in jedem Morgen sein.

ES

PSALM 131,2

Fürwahr, meine Seele ist still und ruhig geworden wie ein kleines Kind bei seiner Mutter; wie ein kleines Kind, so ist meine Seele in mir. (LUT 84)

Schwierige Entscheidung

Das ist ein Vers, über den wohl kaum einmal in einem Gottesdienst gepredigt wird. Aber genau dieser Vers war mir vor mehr als 50 Jahren eine Bestätigung nach einem weitreichenden Entschluss.

Während eines seelsorgerlichen Gespräches, bei dem ich eigentlich eine hilfreiche, klare Wegweisung von dieser Person erwartet hatte, meinte diese: „Die Entscheidung kann ich dir nicht abnehmen, die musst du selber treffen.“ Natürlich war das richtig. Aber ich wusste einfach nicht weiter. Es ging um eine Freundschaft, die mich aber immer mehr ins Zweifeln brachte. Mir war klar, ich wollte den Willen Gottes in meinem Leben tun. Aber wie erfahre ich ihn? Wir waren beide Christen. Es ging nicht um Grundsatzfragen.

Ich hatte bereits für mich allein und zusammen mit dem Seelsorger alles Für und Wider sehr offen und ehrlich bedacht. Natürlich hatte ich auch darüber gebetet und irgendwie ein Zeichen o. Ä. erwartet. Vor der Wegkreuzung zu stehen und nicht zu wissen, welche Richtung ich einschlagen sollte, war schier unerträglich. Und ich wusste auch genau: „Egal, wie ich mich entscheide, es wird schwierig werden." Und dann hatte dieser Seelsorger es doch gewagt, mich an jenem Nachmittag, in dem schönen, alten, malerischen Schloss, einfach in die Stille, in einen bestimmten Raum zu schicken. Kann man so etwas riskieren?

Hier sollte ich vor Gott eine Entscheidung fällen, und wenn es die richtige wäre, hätte ich Frieden. Da saß ich nun. Erst etwas enttäuscht, fast wütend.

Und wenn ich nichts fühlte? War es dann falsch? Musste ich dann die andere Entscheidung fällen? Ich dachte: „Entweder der Seelsorger macht es sich leicht oder er traut Gott Großes zu."

Da ich nicht den ganzen schönen Nachmittag in dem halbdunklen, rustikalen Raum verbringen wollte, sagte ich nach ziemlich kurzer Zeit. „Hier bin ich, Herr, ich entschließe mich jetzt zu einem NEIN!" Eine regelrecht befreiende Ruhe erfüllte mich danach. Meine Bibel lag vor mir. Sie war bei Psalm 131,2 aufgeschlagen. Wieso gerade an dieser Stelle? Ich hatte sie vorher kaum beachtet, vielleicht sogar überlesen. Der Seelsorger hatte sie mir auch nicht aufgeschlagen, da bin ich mir sicher. War ich beim Grübeln und gleichzeitigen Blättern in der Bibel darauf gestoßen? Möglich! Ich weiß es nicht mehr. Aber dieses Psalmwort war mir nach der Entscheidung eine große Bestätigung, das Richtige getan zu haben. Es hat mich lange Zeit regelrecht durchgetragen und stand mir immer wieder vor Augen.

In der Übersetzung „Hoffnung für Alle" (diese Übersetzung gab es damals noch nicht!) steht:

„Ich bin zur Ruhe gekommen. Mein Herz ist zufrieden und still. Wie ein kleines Kind in den Armen seiner Mutter, so ruhig und geborgen bin ich bei dir."

Dass es nachher noch manche schlaflose Nacht geben und völliges Unverständnis bei dem jungen Mann hervorrufen würde, wusste ich an jenem Nachmittag zum Glück noch nicht. Aber wie eine Mutter ihr Kind auch weiter begleitet, so hat der Herr Stück für Stück die Dinge in die Hand genommen, mich geführt, mir Menschen an die Seite gestellt und kleine bis große Wunder getan.

GT

PSALM 132,7

Wir wollen in seine Wohnung gehen und anbeten vor dem Schemel seiner Füße.

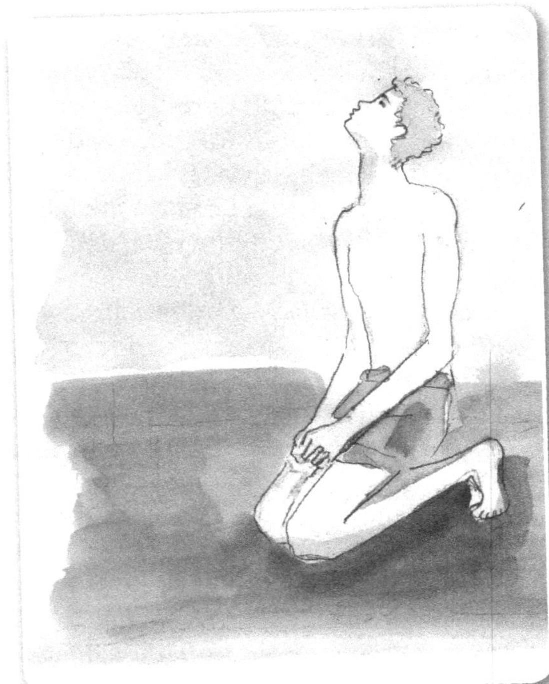

PSALM 133,1

Siehe, wie fein und lieblich ist's, wenn Brüder einträchtig beieinander wohnen!

Neuanfang

Psalm 133 ist ein Wallfahrtslied. Hier ist man gemeinsam unterwegs! Man kann sich vorstellen, wie die Leute mit ihren Familien, Geschwistern und Freunden nach Jerusalem pilgerten. Ihre Blicke gingen in Richtung der Berge mit der heiligen Stadt. Die Reisenden hatten das Ziel, Gott zu verehren und anzubeten, Gott war im Fokus. Sie aßen und übernachteten zusammen z. B. in Laubhütten. Für Beobachter war das ein echter Hingucker, die Fröhlichkeit und Zufriedenheit der Pilger zu sehen, trotz anstrengender Wanderung und wenig Komfort.

Genauso stelle ich mir neutestamentliches Gemeindeleben vor: gemeinsam unterwegs auf oft staubigen, schmutzigen und mühsamen Lebenswegen, aber immer mit Blickrichtung auf den erhobenen und vollkommenen Herrn und Heiland Jesus Christus; voller Vorfreude auf die Herrlichkeit des kommenden Königs.

Als ich vor Jahren mit meiner jungen Familie ins tiefe bayerische Oberland zog, vermisste ich am meisten die lebendigen, erhebenden und regelmäßigen Anbetungsstunden zusammen mit Glaubensgeschwistern. Umso mehr freute es mich dann, als eine Mini-Gemeinschaft, bestehend aus drei kleinen Familien, entstehen durfte. Wir machten uns auf den Weg in Richtung „Gemeindegründung“ und starteten zunächst mit Anbetung und einem Hauskreis. Danach wurde das „Kinderfrühstück“ geboren, „Kids-in-Action“ folgte, inzwischen gibt es auch einen kleinen Jugendkreis.

Unser alljährlicher Höhepunkt ist das Kinderzeltlager, inzwischen kommen jeweils 60 Kinder. Zuvor müssen wir das Lager mit der kleinen Mannschaft intensiv vorbereiten. Das geht nur unter Gebet, mit Fragen, Ringen und der Hoffnung auf Gottes Hilfe, mit seiner Fürsorge, seinem Schutz und Erbarmen. Jedes Mal erleben wir, dass die Kinder begeistert sind. Aber auch Eltern staunen über das Zeltlager, bleiben manchmal wie angewurzelt stehen, beobachten, genießen die Atmosphäre und möchten am liebsten bleiben und mithelfen. Was sehen sie? Glaubensgeschwister, die einträchtig miteinander arbeiten und zusammen wohnen. Das ist „fein und lieblich", anziehend und ansteckend, man will dazugehören, mit dabei sein.

Bis zu einem Gemeindeleben mit regelmäßigen Gottesdiensten und der Teilnahme weiterer echter Anbeter ist es hier wohl noch ein Stück Weg, denn die begeisternde Atmosphäre allein reicht nicht. Aber es ist ein guter Anfang, denn gerade auch suchende Menschen halten inne und staunen über die authentische, fröhliche Einheit von Christen.

Psalm 133 – ein echtes literarisches Schmuckstück, wie ich finde – endet mit einer großartigen Verheißung von brüderlicher Eintracht: Sie verbreitet einen angenehmen, köstlichen Duft, ist erfrischend und bewirkt Segen in Ewigkeit. Darauf hoffe ich!

KA

PSALM 134,1-2

Wohlan, lobet den Herrn, alle Knechte des Herrn, die ihr steht des Nachts im Hause des Herrn! Hebet eure Hände auf im Heiligtum und lobet den Herrn!

Nachtwache

Ich erinnere mich, wie ich als junger Mann Nachtwache auf dem Missionsschiff *Logos* hielt, zu dessen Besatzung ich damals gehörte. Ich war als Seemann auf Deck eingeteilt und musste immer wieder mal Nachtwache halten. Das bedeutete, auf dem Schiff durch die Gänge zu gehen, um sicherzustellen, dass alle schliefen und alles gesichert und in Ordnung war. Welch ein Kontrast war diese Zeit in der Nacht zu der arbeitsreichen und intensiven Zeit am Tag. Auf dem kleinen Schiff lebten ca. 130 Menschen, einschließlich Frauen und Kinder, aus gut 20 verschiedenen Ländern. Da das Schiff die meiste Zeit im Hafen lag, kamen tagsüber nicht selten tausend oder mehr Besucher an Bord. Sie besuchten den Bücherladen oder nahmen an verschiedenen Programmen an Bord teil. Und jetzt in der Nacht, während ich langsam durch die Gänge an den Kabinen vorbeispazierte, war es mir wichtig, für meine Schwestern und Brüder, die mit mir auf dem Schiff lebten, zu beten. Ich betete, dass der Herr sie beschützen, ihnen einen guten Schlaf und neue Kraft geben möge. Diese Nachtzeit auf der Wache wurde mir selbst zum Segen. Ich kam zur Ruhe und wusste mich in der Hand Gottes geborgen, irgendwo im Hafen einer fremden Stadt, eines fernen Landes und manchmal auch mitten auf dem weiten Ozean.

Vieles hat sich seit damals geändert. Meine Frau und ich leben in Schottland. Wir sind älter geworden. Manchmal gibt es Zeiten, da wache ich in der Nacht auf und liege eine Weile wach. Dann kommt es darauf an, in welche Richtung meine Gedanken wandern. Ich kann mir dann über meine Unruhe Sorgen machen oder überlegen, warum ich nicht mehr schlafen kann und ob ich am Abend doch zu viel Kaffee getrunken habe. Oder ich denke an den Tag zurück und stelle fest, dass ich wieder einmal unter Druck war und unbedingt noch ein, zwei Dinge hätte erledigen müssen. Wenn diese Gedanken kreisen, dann fühlt es sich so an, als ob alle Welt mir erzählen würde, dass es da einiges am Tage gab, das ich zu erledigen verpasst habe. Ja, wenn ich nur diese eine wichtige Sache von meiner To-do-Liste noch erledigt hätte, dann wäre ich jetzt wohl zufriedener und könnte besser schlafen.

Doch andererseits frage ich mich auch, ob nicht gerade das Wachsein in der Nacht eine Gelegenheit ist, die Gegenwart des Herrn wahrzunehmen und ihm anzuvertrauen, was in mir noch rumort und vielleicht auch am nächsten Tag zu bewältigen ist. Ja, es braucht eine gewisse Anstrengung im Wachsein oder im Halbwachsein in der Nacht, die Gedanken umzulenken vom Sorgen und Grübeln und

Sich-unwohl-Fühlen hin zu dem, der über uns wacht Tag und Nacht. Es ist kein Muss, dass wir in der Nacht lange Gebet verrichten, und Gott weiß auch um unsere Schwachheit und unser Schlafbedürfnis. Und doch ist das Aufwachen und Wachsein in der Nacht immer wieder eine besondere Chance, mich mitsamt meinen Fragen und Anliegen der Hand meines treuen Vaters im Himmel anzubefehlen. Und der uns geschaffen hat, will, dass wir Segen empfangen und für andere zum Segen werden. Und manchmal sind auch Wachzeiten in der Nacht Teil dessen, dass er segnet oder dass wir zum Segen für andere werden.

GA

PSALM 135,3

Preiset den Herrn, denn gütig ist der Herr; lobsingt seinem Namen, denn lieblich ist er! (MeÜ)

Gemeinsam loben

Zustimmung und Lob weiterzugeben kann ganz unterschiedlich aussehen. Treten bekannte Musiker oder Sänger auf, wird mitgesungen, gejubelt und geklatscht. Wenn die Lieblingsmannschaft Tore schießt, werden diese von den Fans im Stadion mit lauten Rufen, Gesängen, Trommelschlägen und dem Schwenken von Fahnen bejubelt. Die Begeisterung ist groß. Ja, gemeinsam zu jubeln schweißt zusammen.

Das Psalmwort erinnert uns daran, auch Gott gegenüber Freude, Dank und Jubel zum Ausdruck zu bringen. Auch das ist ein Gemeinschaftserlebnis. Allerdings steht bei diesem Erlebnis nicht mein Gefühl oder meine Begeisterung im Vordergrund, sondern die Gründe, die ich habe und die ich vorbringe, um Gott zu loben. Als einzelner Mensch fällt es uns oft schwer, Gott angemessen zu preisen, vor allem wenn uns der Alltag total in Anspruch nimmt. Doch gerade dann, wenn wir die Gemeinschaft mit anderen aufsuchen, ist es wichtig, dass wir einander zusprechen: „Lasst uns den Herrn loben und preisen für das, was er uns bedeutet und was er an uns Gutes getan hat."

In meinem Elternhaus gab es jeden Morgen eine Andacht, bei der Bibelworte gelesen und Glaubenslieder gesungen wurden. Meine Mutter legte zudem großen Wert darauf, dass die neun Kinder, neben aller nötigen Arbeit auf dem Bauernhof, ein Instrument lernten. Mühsam lernte ich Harmonium, später Orgel, Gitarre und Klavier. Im Jugendbund *Entschieden für Christus* (EC) wurde viel gesungen – das tat gut und machte empfangsbereit für Gottes Reden. Es half, Alltagssorgen und Probleme einzuordnen und aus einer anderen Perspektive zu sehen. Über viele Jahre begleitete ich den Gemeindegesang. Ja, Singen im Gottesdienst oder im Hauskreis verbindet miteinander. Es macht uns bewusst, was Jesus für uns getan hat und heute noch für uns tut. Es stärkt unser Vertrauen zu ihm. Wie gut, dass es immer wieder auch neuere Lieder gibt, die ich dann mit großer Freude singe. Besonders gerne singe ich zum Beispiel das Lied „Zehntausend Gründe", in dem der Sänger seine Seele auffordert, den Herrn, unseren König, immer anzubeten, unabhängig von unseren persönlichen Umständen.

Der Psalmbeter erinnert in unserem heutigen Psalm an Gottes Eingreifen in der Geschichte und daran, dass Gott allen Götzen weit überlegen ist. Er ist auch der Herr über Naturgewalten, und er hat Israel zu seinem Eigentum erwählt. Das Psalmwort sagt uns: Wir können Gott preisen, weil er lieblich, freundlich und herrlich ist. Dabei ist es egal, in welcher Sprache wir Gott loben. Bei Mose stellte sich Gott als der *„Ich bin, der ich bin"* vor (2. Mose 3,14; ELB). Er erwählte Mose und das Volk, ihn vor aller Welt zu loben. Zukünftige Generationen sollten dies ebenso tun. Alle im Volk Israel sollten Gott loben, besonders die Diener in der Stiftshütte und im Tempel. David bestimmte 288 Sänger und Musikanten für diesen Dienst – jeweils zwölf Personen in einem Team. Sie sollten den lebendigen Gott mit Liedern preisen und den Gesang auf Lauten, Harfen und Becken begleiten. Und wir? Wie können wir verstärkt den Herrn der Herrlichkeit preisen und ihm Loblieder singen?

KT

PSALM 136,26

**Danket dem Gott des Himmels,
denn seine Güte währet ewiglich.**

PSALM 137,1

An den Wassern zu Babel saßen wir und weinten, wenn wir an Zion dachten.

Bibelwort und Popsong

Vor etlichen Jahren wurde zu diesem Bibelwort ein englischer Popsong sehr populär: „By the rivers of Babylon“ von Boney M. Ich muss zugeben, auch ich höre das Lied immer wieder gern. Und doch denke ich, der fröhliche Rhythmus gibt nicht das Leid wieder, von dem der Text spricht und das die Menschen damals, an den Wassern zu Babel, erlebten.

Im Lied wird beschrieben, wie die in die Gefangenschaft verschleppten Israeliten an den Flüssen Babylons saßen und im Gedenken an ihr Heitmatland weinten. Dennoch bitten sie Gott darum, dass ihre Worte und ihre Gedanken Gott wohlgefällig sein mögen.

Im Liedtext geben uns einige wenige Begriffe einen kleinen Einblick in das Leid und in die Sehnsucht der gefangenen Israeliten in Babel. Und auch heute sitzen viele Menschen im übertragenen Sinn an den Wassern zu Babel. Sie weinen, sie werden verlacht, verhöhnt, verfolgt. Sie werden unterdrückt und können ihr Leben nicht frei gestalten.

Doch wie damals und im Lied beschrieben dürfen sie sich an den wenden, der auch die Gefangenen Babels erlöste und sie nach Hause führte. Er hört ihr Schreien. Er hat immer noch Mittel und Wege, Gefangene zu erlösen, damit sie an neuen Wasserquellen sitzen und ein Lob- und Danklied der Erlösung singen können, so wie es in Psalm 126 verheißen ist: *„Wenn der Herr die Gefangenen Zions erlösen wird, so werden wir sein wie die Träumenden. Dann wird unser Mund voll Lachens und unsre Zunge voll Rühmens sein“* (Verse 2-3).

PSALM 138,7

**Wenn ich mitten in der Angst wandle,
so erquickst du mich.**

Angst-Trotz

Hab keine Angst
vor all dem, was dir begegnet
heute – morgen – an jedem Tag,
an jenem Tag,
vor dem du dich fürchtest.
Gott ist auch da.
Gott selbst ist bei dir – er hält deine Hand
und dein Herz
die ganze Zeit.
Seine Liebe zu dir
strahlt über deinem Leben
und hüllt es ein.
Gottes große Liebe zu dir
wird in allem Schmerz,
in jeder Angst,
durch alles Leid hindurch
bei dir sein,
ganz nah,
manchmal unspürbar, doch immer wahr
in dir und um dich her.

ES

PSALM 139,14

**Ich danke dir dafür,
dass ich wunderbar gemacht bin;
wunderbar sind deine Werke.**

Gewollt – geborgen

Der französische Philosoph Jean Paul Sartre soll gesagt haben: „Wir Menschen sind aus Zufall geboren, leben weiter aus Schwäche und sind zu feige, uns umzubringen." Für den Existentialisten

Sartre steht am Anfang der Zufall, am Ende das Nichts. Die Konsequenz: Wenn es also keinen Schöpfer gibt und ich meine Existenz ganz allein „Mister Zufall“ verdanke, wenn ich einfach nur so in die Geschichte hineingeworfen worden bin, dann hat auch mein Leben keinen tieferen Sinn.

Doch die Bibel bezeugt eine andere Wirklichkeit. Und diese ist auch im apostolischen Glaubensbekenntnis formuliert und hinterlegt: „Ich glaube an Gott, den Vater, den Allmächtigen“ und, jetzt kommt's, „den Schöpfer des Himmels und der Erde.“

Weil es also einen Schöpfer gibt, der uns Menschen in seinem Bild geschaffen hat, bin ich kein Zufallsprodukt, sondern ein Lieblingsgedanke Gottes. Nicht Kohle in der Lokomotive der Geschichte, wie Karl Marx sagte, sondern ein unverwechselbarer, einzigartiger Mensch mit einer unverlierbaren Würde.

Susi ist acht und kommt eines Tages weinend aus der Schule nach Hause. „Mutti, alle haben mich ausgelacht und verspottet, weil ich rote Haare habe.“ Die Mutter nimmt Susi in den Arm. Sie trocknet ihre Tränen und versucht, die Kleine zu trösten. „Ich habe dich ganz arg lieb, so wie du bist. Deine roten Haare sind wunderschön, und Gott hat sie für dich gemacht.“ Da antwortet Susi unter Tränen: „Aber bei dem lassen wir nichts mehr machen, gell, Mutti?“

So wie Susi haben viele Menschen große Schwierigkeiten, sich selbst, so wie sie sind, anzunehmen. Jugendliche, vor allem im Teenager-Alter, sind davon oft geplagt. Unzählige Menschen leiden unter ihrer Haut- oder Haarfarbe, ihrer Körpergestalt oder ihrem Temperament, ihrem Geschlecht oder ihrer Herkunft. Sie wären so gerne anders. Doch wer so denkt, vergisst: Gott hat mich so gewollt. Auch bei mir hat er sich eine Menge gedacht. Er ist mit mir zufrieden. Auch mich sieht er als eine einmalige, unverwechselbare Schöpfung an.

Du und ich sind gewollt, von Ewigkeit her gewollt. Genau das drückt unser Psalmbeter in dichterischen Worten aus: *„Denn du hast meine Nieren bereitet und hast mich gebildet im Mutterleibe. Ich danke dir dafür, dass ich wunderbar gemacht bin; wunderbar sind deine Werke; das erkennt meine Seele.“*

Diesen Satz – ich bin von Gott gewollt – dürfen wir glauben und uns immer wieder selbst zusprechen. Vor allem diejenigen unter uns, die als Kinder genau das Gegenteil zu hören bekamen: „Dich hätte es nie geben sollen." Gewollt – diese Wahrheit soll unser Denken und unser Fühlen durchdringen und prägen. Diese Worte sollen uns in Fleisch und Blut übergehen. Ich bin von Gott gewollt.

Ja, du bist gewollt. Gott trägt auch dein Bild in seiner Brieftasche. Also weg mit dem Selbstmitleid und den Minderwertigkeitsgefühlen und her mit dem Bekenntnis: *„Ich danke dir dafür, dass ich wunderbar gemacht bin."* Gewollt von Ewigkeit.

NB[16]

PSALM 140,2.5.8

**Errette mich, Herr, von den bösen Menschen,
behüte mich vor den Gewalttätigen.
Bewahre mich vor der Hand der Gottlosen.
Herr, meine starke Hilfe,
du beschirmst mein Haupt zur Zeit des Streits.
(LUT 84)**

Schwierige Umstände

Was hat dieser Mann nicht alles durchgemacht! Als Hirte und Harfenspieler fängt er an.

In einem „jugendlichen Alleingang" kämpft er gegen den Riesen Goliath. Dann wird er Rädelsführer einer Schar Ausgestoßener. Das hindert ihn aber nicht daran, Schwiegersohn und Nachfolger von König Saul zu werden. Als Herrscher und Dichter, als Diplomat und Krieger schreibt er Geschichte.

Wir leben anders als David. Wir bewegen uns in einem wesentlich kleineren Format. Und wir bieten natürlich viel weniger

16 Kurzfassung einer Predigt von Bruno Nagel (verstorben)

Angriffsfläche. Zugleich kennen aber auch wir Leute und Dinge, die uns ärgern und aufregen und die wir gerne bekämpfen möchten. Ähnlich wie bei David gibt es zum einen Phasen, in denen alles super läuft. Oder fast alles. Dann gibt es Situationen, die uns komplett an den Rand bringen. Wir sind unruhig, verzagt, verärgert. Innerlich und manchmal auch äußerlich ballen wir die Faust. Für mich ist dann diese Segensbitte, die mir einst zugesprochen wurde, ein Schlüssel, damit sich meine Faust wieder löst: „Gott Vater, Sohn und Heiliger Geist gebe dir seine Gnade, Schutz und Schirm vor allem Argen, Kraft und Hilfe zu allem Guten ..."

Das ist für mich ein richtiges Schutzgebet! Passt es aber überhaupt in unsere Zeit, die geprägt ist von Toleranz gegenüber allem und jedem? Machen wir etwas falsch, wenn wir mit David bitten: „Oh Gott, schütze mich vor Gewalttätern und Gottlosen, vor stolzen und bösen Mäulern?" Ich stelle mir vor, dass wir in unserer Zeit dann auf diese oder ähnliche Weise beten: „Oh Herr, unser Gott, schütze Christen auf der ganzen Welt vor denen, die über sie spotten, sie benachteiligen und verfolgen. Oh Herr, schütze Frauen und Familien vor denen, die ungeborene Kinder zu töten bereit sind – und dies auch noch als Menschenrecht anpreisen. Schütze uns vor modernen Raubrittern, die tropische Regenwälder abholzen und die Natur zerstören. Schütze uns vor dem Gebrauch von Technik, welche Gehirne vergiftet!"

Wenn wir genau hinschauen, dann verschafft uns Psalm 140 die tröstliche Gewissheit, dass wir auf der richtigen Seite stehen. Mit König David glauben und beten wir voller Vertrauen: „Du bist mein Gott! Du bist der beste Bündnispartner, der überhaupt existiert. Du bist der Höchste und Stärkste im Universum. Du lenkst die Weltgeschichte. Du hast auch unsere Lebensgeschichte voll im Blick. Dir schildern wir die aufgetauchten Probleme. Dir dürfen wir auch kleinste Details anvertrauen. Dir nennen wir die Namen derer, die uns zu schaffen machen und die uns schaden wollen." Und wirklich: Unser Herr hat ein großes, edles und heiliges Kämpferherz. Eine regelrechte Leidenschaft entwickelt er für seine Leute. Ein überaus starkes Interesse hat er daran, dass wir das gute Ziel erreichen. Unermüdlich stärkt er uns den Rücken, sodass wir die Klippen, Fallen und Stolpersteine überwinden, die den Weg säumen. Vielfache Signale und Zeichen sendet er unterwegs zur Aufmunterung. Dankbar bekennen wir: „Herr, meine starke Hilfe, du beschirmst mein Haupt zur Zeit des Streites!“

Noch eine Frage steht für mich im Raum: Wie lange müssen wir uns mit diesen Gegensätzen und Konflikten herumschlagen? Die Antwort kommt bisweilen etwas spät zu uns. Oder sie fällt anders aus, als wir uns das vorgestellt haben. Ja, manchmal sogar sehr viel anders. Woran liegt das? Gott überschaut die Vergangenheit und die Zukunft. Deshalb weiß er genau abzuschätzen, was er uns zumuten kann als Prüfung auf dem Weg des Lebens. Er weiß, wann der beste Zeitpunkt gekommen ist, um die Wende herbeizuführen. So lange gilt es auszuharren und durchzuhalten. Mit dem allmächtigen Herrscher an unserer Seite wird es gelingen.

Voll Zuversicht und Siegesfreude können wir deshalb mit König David beten: „Herr, meine starke Hilfe! Ich weiß, dass du des Elenden Sache führst. Du bist mein Gott! Du und kein anderer. Du und sonst nichts auf der Welt. Auf dich und deinen Sohn setzen wir unser ganzes Vertrauen in jeder Lebenslage – jetzt in dieser Zeit und bis in Ewigkeit. Der Sieg ist unser, wir sind dein. Amen.“

SG

PSALM 141,1-4

Herr, zu dir habe ich gerufen, eile zu mir!
Höre auf meine Stimme, wenn ich zu dir rufe!
Lass als Rauchopfer vor dir stehen mein Gebet,
das Erheben meiner Hände als Speisopfer am Abend.
Bestelle, Herr, eine Wache für meinen Mund!
Wache über die Tür meiner Lippen!
Lass mein Herz sich nicht neigen
zur bösen Sache, gottlos Taten zu begehen
mit Männern, die Übeltäter sind.
Ich mag nicht kosten von ihren Leckerbissen! (ELB)

Helden der Treue

Im Leben Davids sehen wir, dass Gutes und Böses immer gegenwärtig waren in seiner Natur. Mal ist er der große Held, den Gott gebraucht und der zum Segen für ein ganzes Volk wird, dann wieder fällt er in Sünde und handelt selbstsüchtig und verletzt andere Menschen mit seinem Tun. Wenn er sich Gott nähert, hat Gebet für ihn oft auch die Funktion, Gott ein Opfer zu bringen. Gebet kann einerseits etwas sehr Spontanes sein, andererseits ist Gebet für Menschen, die zu Gott gehören wollen, auch eine Aufgabe und Pflicht, bei der es darum geht, sich vorzubereiten und sich zu fokussieren. In diesem Psalm hören wir heraus, dass David den Zustand seines Herzens kennt. Er weiß, dass es zwischen seiner Herzensregung und seinen Aktionen einen tiefen Zusammenhang gibt. Er weiß auch, dass seine Worte wie Gift für andere sein können, und damit gibt er schon ein Echo auf das, was Jesus später in den Evangelien gesagt hat: *„Was aber aus dem Mund herauskommt, das kommt aus dem Herzen, und das macht den Menschen unrein"* (Matthäus 15,18).

Deshalb kommt er zu Gott nicht in einer Haltung der Selbstsicherheit, sondern mit dem Schrei des Herzens: *„Gott, sei mir Sünder gnädig"* (Lukas 18,13). Er hat erfahren, dass seine Herzens- und Gedankenregungen ihn verführen und zum Feind werden können, und auch, dass er durch den Einfluss anderer Menschen verführt wird. Unter diesem Aspekt, dass er von zwei Feinden angegriffen wird – zum einen in ihm selbst und zum anderen durch Menschen in seiner Umwelt –, richtet er sein inneres Auge auf den Herrn. Er sucht seine Hilfe. Einen Wächter wünscht er sich – vor allem für sein Reden.

Sind wir als Christen im 21. Jahrhundert nicht auch in gleicher Weise bedroht? Auch für uns gibt es diese zwei Feinde. Einmal ist es unsere Natur, und zum anderen sind es Menschen um uns herum, die uns allerhand Leckerbissen anbieten und nur darauf warten, dass wir zugreifen. Da ist es von entscheidender Bedeutung, inwieweit wir unsere Augen auf Jesus richten und uns von ihm Schutz und Rettung erbitten.

Die meisten Menschen in meiner Heimat Schottland lieben Heldengeschichten. Doch nicht jeder von uns kann im öffentlichen Leben zum Helden werden. Aber das ist auch gar nicht notwendig. Viel wichtiger ist es, dass wir Helden der Treue werden, weil Jesus uns zur Treue berufen hat. Zu einem treuen Leben in der Nachfolge. In diesem Leben der Treue ist es immer wieder unsere Aufgabe, im Gebet das Angesicht des Herrn zu suchen und darum zu beten, dass er unsere Schuld vergibt und unser Herz reinigt. Es sei hier erinnert an das Wort Jesu: *„Selig sind, die reinen Herzens sind; denn sie werden Gott schauen"* (Matthäus 5,8).

Das bedeutet, dass wir uns bereit erklären, Jesus, unseren Herrn, immer wieder neu zu suchen und den Versuchungen zu widerstehen, die sich in uns und durch andere Menschen Bahn brechen möchten. Das wird uns keinen Applaus einbringen und uns auch nicht als Helden im öffentlichen Sinn auszeichnen. Aber eines Tages werden wir es dann aus dem Mund Jesu höchstpersönlich hören und entgegennehmen: *„Recht so, du guter und treuer Knecht"* (Matthäus 25,21). Dann werden wir in den wahren Heldenstatus versetzt – von dem Herrn aller Herren, dem König aller Könige.

GA

PSALM 142,8

Führe mich aus dem Kerker, dass ich preise deinen Namen.

Sag, ist es wahr

Als ich 1975 zum Sprachstudium nach England kam, hörte ich diesen englischen Choral zum ersten Mal. Auch später, als ich mit dem Missionsschiff unterwegs war oder an den englischsprachigen Sommerkonferenzen in Japan teilnahm, wurde dieses Lied gesungen. Gesungen ist aber gar kein Ausdruck. Es wurde mit Inbrunst und eigentlich nur im Stehen gesungen (geschmettert, könnte man auch schreiben). Besonders an einer Stelle war dies zu spüren: „Die Fesseln weg, mein Herz ist frei“ … Schade, dass dieses Lied in Deutschland wenig gesungen wird. Es gibt aber eine deutsche Übersetzung, deren Herkunft jedoch ungewiss ist.

Sag, ist es wahr, tat er das auch für mich?
Am Kreuz des Heilands Blut floss mir zugut.
Starb er für mich, der ich's nicht wert,
für mich, der ihn zum Sterben zwang?
O große Lieb, wie kann das sein,
dass du, o Gott, trat's für mich ein.

Er ließ des Vaters ew'gen Thron,
so tiefe freie Gnade schenkt der Herr,
beschenkt uns reich in Liebesdrang
und macht uns frei von Sündenbann.
Nur Gnade ist's, unfassbar groß
und sie fand mich und macht mich los.

Lange mein Geist in schweren Ketten lag,
der Sünde und der Nacht, der toten Welt.
Dein Kreuz bracht mir der Liebe Strahl.

Licht wurde mir in des Kerkers Qual.
Die Fesseln weg, mein Herz ist frei,
ich folge dir, schwör dir die Treu.[17]

PSALM 143,7

**Schnell, erhöre mich, Herr!
Es verschmachtet mein Geist.
Verbirg dein Angesicht nicht vor mir!
Sonst bin ich denen gleich,
die zur Grube hinabfahren. (ELB)**

Schreie werden erhört

Diese Schreie, sie kommen aus dem Herzen eines jüdischen Mannes, der alleingelassen ist. Er hat Feinde, er wird verfolgt, sein Leben ist in Gefahr. Er flieht zu Gott. Nur der kann ihn retten. Und eine hoffnungsvolle Stimme flüstert ihm zu: „Sag es ihm, ruf ihn an. Er wird dir helfen. Er wird eingreifen." Und so betet der Psalmbeter in seiner Not: „Gott, antworte mir, bleib nicht stumm. Es eilt."

Kennen Sie solche Situationen in Ihrem Leben? Wenn Furcht und Angst den Hals zuschnüren, die Knie weich geworden sind und der Geist mit depressiven Gedanken zu kämpfen hat? Der Psalmbeter war wohl in solch einer Situation. Er sehnte sich nach Hilfe, nach Erleichterung, nach Rettung. Und er suchte Gott und wusste, dass ihm sein Gott früher oder später antworten würde.

---

17 Original: And can it be?
Text: Charles Wesley
Deutscher Text: Verfasser unbekannt
Das Lied findet sich deutsch gesungen auf der CD „Jesus für alle" von der Kommunität Adelshofen.

Eines Tages erhielt ich eine schlechte Nachricht von meiner Freundin. Ihr Ehemann war ins Krankenhaus eingeliefert worden. Seine Nieren funktionierten nicht. Nieren-Krebs wurde diagnostiziert. Als ich das hörte, war ich sehr erschrocken. Ich wusste nicht, was ich ihr sagen sollte. Ich suchte nach einem Wort vom Herrn, das ihr helfen würde. Und ich rief zu Gott aus tiefstem Herzen. Verzweifelt sehnte ich mich nach einer göttlichen Zusage für sie. Und dann kam mir ein Bibelwort in den Sinn. Schnell nahm ich das Handy und schickte ihr das Wort aus Psalm 37,5 zu: *„Befiehl dem Herrn deine Wege und hoffe auf ihn, er wird's wohlmachen."*

In all dem Schmerz, den meine Freundin dann erlebte, wurde dieses Wort ihr zur Stärke. Sie brachte ihre Not vor den Herrn, allein in ihrem Zimmer. Sie wollte stark sein und suchte Kraft und Hilfe für ihre Familie. Doch sie blieb unsicher, wie alles werden würde. Eines Tages sagte sie zu mir: „Wie kannst du so zuversichtlich für mich sein?" Ehrlich gesagt, auch ich hatte Angst und Sorge um sie, aber ich wollte ihr auch zeigen, dass ich Gott Großes zutraue, denn das hatte ich auch schon in meinem eigenen Leben erfahren. Und so sagte ich ihr: „Ich weiß, an wen ich glaube."

Ihr Mann wurde operiert, und innerhalb eines Monats ging es ihm deutlich besser. Der Krebs konnte beseitigt werden, und die Familie freute sich sehr. Zwischenzeitlich war meine Freundin mehr tot als lebendig, doch jetzt, nachdem sie Gottes Eingreifen erlebt hat, strahlt sie Glaube und Zuversicht aus. Ja, sie ist eine Kämpferin für den Herrn geworden.

Und ich habe es selbst bei mir erlebt: Durch solche Geschehnisse werden Streiter für den Herrn geboren. Wenn sie unten sind, verzweifelt, in einer ausweglosen Lage, und den Herrn in ihrer Not anrufen und andere Mitchristen um Rat und Hilfe bitten und dann die Rettung des Herrn erleben: Da wird jemand neu ausgerüstet. Er weiß auf einmal, dass unser Gott mächtig und groß ist, nichts ist ihm unmöglich. Ich möchte, dass dies noch viel mehr Menschen in meiner Umgebung in Italien erleben. Und ich bete darum, dass Gott mich gebraucht, dass noch mehr Streiter für den Herrn geboren werden. Mein Land braucht dies ganz dringend.

GeA

PSALM 144,1-3

**Gelobt sei der Herr, mein Fels,
der meine Hände kämpfen lehrt
und meine Fäuste, Krieg zu führen,
meine Hilfe und meine Burg, mein Schutz
und mein Erretter, mein Schild, auf den ich traue,
der mein Volk unter mich zwingt.
Herr, was ist der Mensch,
dass du dich seiner annimmst,
und des Menschen Kind, dass du ihn so beachtest?**

Ebenbilder des Höchsten

Strahlend helles Licht am Morgen, und am Abend düstere Stimmung mit grauen Nebelschwaden … Kommt uns das bekannt vor? Seltsame Tage sind das! Da mischen sich lebenslustige Hoffnungen mit harten Problemen. Gerade noch bin ich guter Zuversicht, und schon schlägt der Hammer zu. Dieser Anruf, diese Mail, dieser Vorwurf im Gespräch, es trifft mich wie ein Blitz.

Und wie war es bei David, dem Hirten, Musiker und Psalmbeter mit dem großen Kämpferherzen? Emporgekommen aus kleinen, beschaulichen Verhältnissen hat er später reichlich Gewalt angewandt, ja, kriegerische Mittel eingesetzt, um seine Herrschaft zu sichern, jedoch nicht immer erfolgreich. Es gab Zeiten, da war er oben. Dann wieder stand er im Abseits. Was mir auffällt: Je brenzliger die Lage wurde, desto größer wurde sein Gottvertrauen. Desto mehr staunte er über seinen himmlischen Herrn. Desto mehr pries er dessen Fürsorge und Menschenfreundlichkeit.

Ein Hoch auf die Würde des von Gott geschaffenen Menschen! Das ist eine Botschaft, die hinter Davids streitbaren Worten steckt: Du und ich, wir sind Geschöpfe des Allergrößten. Diese Würde kann uns keiner rauben – kein Tod, kein Teufel, keine Niederlage, keine

Depression. Denn wir sind als Menschen Ebenbilder des Höchsten. Eine unglaubliche Nähe. *„Was ist der Mensch?"*, fragt David bei Gott an und trifft dann diese erstaunliche Feststellung, die wir in einem anderen Psalm finden: *„Du hast ihn wenig niedriger gemacht als Gott, mit Ehre und Herrlichkeit hast du ihn gekrönt!"* (Psalm 8,5-6).

Ermutigt uns das? Beflügelt uns das? Ja, uns wäre wohl schon geholfen, wenn wir auch nur einen Zipfel von Davids königlichem Selbstbewusstsein bei gleichzeitigem Gottvertrauen erhaschen könnten! Wie sehr würde uns das guttun! Wie sehr würde uns das voranbringen! Und ja, es kann geschehen. Es passiert dort, wo wir uns auf den Felsen stellen. Es passiert dort, wo wir in der Burg Zuflucht finden. Es passiert dort, wo wir wie David wissen: Der Erretter steht fest an unserer Seite. Dann finden wir aus ängstlich-trüber Stimmung zu glaubensvoller Zuversicht.

SG

PSALM 145,14

**Der Herr hält alle, die da fallen,
und richtet alle auf, die niedergeschlagen sind.**

Innen-Freund

Du hast Außen-Freunde und bist selbst einer,
wie Sonnenstrahlen im Gesicht, wie Frühlingstau und Sternenlicht
sind sie um dich, ohne Außen-Freund ist keiner.

Doch kehr ich in mich selbst hinein,
bin ich dort – allein.
Allein mit lauten Klagestimmen,
mit Ängsten, die im Dunkeln glimmen,
mit mehrstimmigem Sorgenlied

und Schmerzen, die kein andrer sieht.
Beweise mich an jedem Tag und ich versag ...
Wann geht es vorbei?
Komm ich jemals in mir frei?

„Ich bin da“, sagt jemand leise.
„War es immer, bin es nun.
Du hast einen Innen-Freund,
der dich liebt, dich liebend lehrt zu leben,
lässt dich in dieser Liebe ruhn.
Nimm mich hinein – tief und ganz hinein
in dein wundes Seelensein.“

Oh ja, Ich lasse dich wie Hoffnung ein
in mein kahles Lebensland,
in mein trauermüdes Herz,
in meinen irrenden Verstand,
in meine Kammer voller Schmerz.
Ich brauche einen Innen-Freund,
tritt ein und leb mit mir in meinem Sein.

Die Klagegeister schweigen
und alle Lebensängste neigen sich vor dir.
Und du wirst mir das Sonnenlicht,
wirst mir die Schönheit der vier Jahreszeiten,
das Wunder aller Seligkeiten zeigt mir dein Gesicht.
Jesus – du bist der Grund für dies Gedicht.

ES

PSALM 146,1

Lobe den Herrn, meine Seele

Loben

Dieser Psalmvers soll uns daran erinnern, dass Loblieder nicht nur in Liederbüchern zu finden sein sollen, sondern vor allem auch in unseren Herzen. Wenn wir im Familienkreis meiner Frau demnächst vielleicht noch den 100. Geburtstag ihres Vaters feiern dürfen, dann steht dieses Wunschlied ganz oben auf der Liste:

Lobe den Herren, den mächtigen König der Ehren,
meine geliebete Seele, das ist mein Begehren.
Kommet zuhauf, Psalter und Harfe, wacht auf,
lasset den Lobgesang hören!

Lobe den Herren, der alles so herrlich regieret,
der dich auf Adelers Fittichen sicher geführet,
der dich erhält, wie es dir selber gefällt;
hast du nicht dieses verspüret?

Lobe den Herren, der künstlich und fein dich bereitet,
der dir Gesundheit verliehen, dich freundlich geleitet.
In wie viel Not hat nicht der gnädige Gott
über dir Flügel gebreitet!

Lobe den Herren, der sichtbar dein Leben gesegnet,
der aus dem Himmel mit Strömen der Liebe geregnet.
Denke daran, was der Allmächtige kann,
der dir mit Liebe begegnet!

Lobe den Herren, was in mir ist, lobe den Namen.
Alles was Odem hat, lobe mit Abrahams Samen.
Er ist dein Licht; Seele, vergiss es ja nicht.
Lob ihn in Ewigkeit! Amen.

Auch bei meinen Andachten in Seniorenheimen merke ich immer wieder, wie kostbar es ist, wenn die „alten Loblieder“ zum Teil noch auswendig mitgesungen werden können.

Das Evangelische Gesangbuch ist sicher nicht mehr in allem auf dem Laufenden, was das christliche Liedgut anbelangt, doch es enthält immer noch einige Schätze, auf die wir nicht verzichten sollten. Im Verzeichnis finden sich allein 17 Lieder, die mit dem Wort „Lobe“ oder „Lobet“ beginnen.

Doch es braucht hier die Ergänzung der neuen Loblieder. Ja, alte und neue Lieder dürfen gerne nebeneinanderstehen und miteinander konkurrieren, damit das Lob für Gott groß und vielfältig ausgedrückt wird. Ich freue mich vor allem auch an diesen etwas neueren Lobversen und hoffe, dass ich sie auch noch in meinen alten Tagen auswendig mitsingen kann:

Du, dessen Name heilig ist ...
Lobe den Herrn, meine Seele, und seinen heiligen Namen ...
Lobpreiset unsern Gott ...
Lasst uns loben unsern Gott und Vater ...

Ja, in den Lobliedern finden wir Worte, die uns die Herrlichkeit Gottes vor Augen malen. Worte, die unseren Glauben stärken. Worte, die wir in unseren Herzen und Lippen bewegen und aussprechen dürfen vor der sichtbaren und unsichtbaren Welt. Es sind Worte, die ein himmlisches Echo hervorrufen. Gott freut sich am Lob seiner Kinder. [18]

---

18 Lobe den Herren, den mächtigen König der Ehren
Text: Joachim Neander 1680

PSALM 147,1

Lobet den Herrn!
Denn unsern Gott loben, das ist ein köstlich Ding.

Loben und Danken

Viele kennen das bekannte englische Lied von Frank Sinatra: „I did it my way." In diesem Lied besingt Sinatra seine Lebensgeschichte und beschreibt, was für ein erfülltes Leben er hatte, in dem er so ziemlich alles erlebt hat, was es zu erleben gibt. Er rühmt sich, alles zu Ende gebracht zu haben, was er angefangen hat. Doch egal, was er tat, er tat alles auf seine Art. Immer wiederholt sich dieser Gedanke: „Ich habe es auf meine Weise, auf meine Art getan." Allein, selbständig, eigenwillig. *I did it my way.*

Nun, so schön das Ganze klingt, so scheint mir doch diese Sicht vom Leben recht einseitig zu sein. Erwähnt wird mit keiner Silbe, dass auch andere zu seinem Erfolg und Gelingen beigetragen haben: Eltern, Freunde, Förderer. Sie kommen nicht vor. Die Dankbarkeit diesen Menschen gegenüber fehlt. Erwähnt wird nur, dass er vieles einstecken musste – aber nicht, dass er auch vieles geschenkt bekam. Von Gott und dem, was er ihm geschenkt hat, ist auch keine Rede. Gesundheit, Begabung, Bewahrung, gute Fügungen – das alles bleibt unerwähnt.

Nun, so wie in diesem Lied beschrieben denken viele. Sie sehen ihr Leben hauptsächlich aus dieser Was-habe-ich-alles-geleistet-Perspektive. Der Blick darüber hinaus fehlt oder ist nur sehr schwach vorhanden. In Psalm 147 bezeugt der Psalmbeter, dass der Herr baut, aufrichtet, heilt, verbindet, zusammenbringt und uns gute und vollkommene Gaben sendet.

Ja, wer nachdenkt und den Blick weitet, der nimmt sich in erster Linie als Beschenkter Gottes wahr. Er entdeckt sehr viele Gründe, um Gott zu danken und zu loben. Und er kann sogar dahin kommen, dass er sagt: Es ist köstlich, Gott zu loben. Etwas moderner ausgedrückt kann man anstelle von „köstlich" auch sagen: Es macht

Spaß, Gott zu loben. Es macht Spaß, die Wunder Gottes zu entdecken und zu bewundern. Es macht Spaß, weil ich Gott mit meinen eigenen kreativen Worten loben kann. Es macht Spaß, für ihn ein Lied zu dichten, für ihn zu singen und zu musizieren, ihm die Ehre zu geben. Wie viele herrliche alte und neue Lieder haben wir doch! Das gibt es in keiner anderen Religion. Gott zu loben ist kostbar und macht Spaß. Es reißt uns heraus aus der allzu engen Ich-Welt. Dann sehe ich nicht nur auf meinen Weg und was ich alles geleistet habe, sondern auf das, was Gott mir geschenkt und für mich bewegt hat und auch heute und morgen für mich bewegt. Und das ist weit mehr, als ich selbst jemals imstande sein werde zu bewirken.

PSALM 148,1.2.7-9

Halleluja!
Lobet im Himmel den Herrn,
lobet ihn, in der Höhe!
Lobet ihn, alle seine Engel,
lobet ihn, all sein Heer!
Lobet den Herrn auf Erden,
ihr großen Fische und alle Tiefen des Meeres,
Feuer, Hagel, Schnee und Nebel, Sturmwinde,
die sein Wort ausrichten, ihr Berge und alle Hügel.

Stimmgewaltig

Wie ist das möglich, dass Fische und andere Tiere, Meere, Stürme und überhaupt alle uns bekannten Naturgewalten irgendjemanden loben sollen? Und noch dazu den Höchsten? Haben sie Stimmen und Stimmbänder? Sind sie der Sprache mächtig? Es sind doch schlicht und einfach Naturklänge, die sie von sich geben. Was ist das für ein

Summen und Brummen, Brausen und Prasseln in der freien Wildnis! Gibt es einen Grund, warum diese Laute ertönen? Irgendeinen Sinn muss es ja haben, dass die Welt, wie Gott sie schuf, eben nicht ganz still ist! Die totale Stille hält sowieso keiner aus. Sie wäre geradezu tödlich. Irgendein natürliches Geräusch, und sei es noch so leise, ist immer und überall da. Zum Glück ist das so.

Ohne Schwingungen in der Luft, woraus in unserem Ohr Klänge und Töne entstehen, ist Leben auf diesem Planeten überhaupt nicht vorstellbar. Der Schöpfer hat schon gewusst, warum er das alles so und nicht anders geschaffen hat. Freuen wir uns also über das Rauschen von Gebirgsbächen, das Summen der Bienen, das Brausen des Windes, das Fauchen der Glut im Kamin und das „Singen" der Sterne. Das alles ist natürliche Musik. Und sie ist ein untrügliches Zeichen, ja, ein Beweis dafür, dass die Natur lebt, dass ich lebe, dass Gott lebt.

Auch Gott selbst ist nicht still. Auch bei ihm sind Töne und Melodien – und was für welche! In seinem Umfeld gibt es Heerscharen äußerst musikalischer und sangesfreudiger Lebewesen. Und auch sie, die Engel, sind aufgerufen, Gott zu loben. Ihn zu loben in Gottes allernächster Nähe, in den himmlischen Regionen. Dort wird ihr Lob von der Dreieinigkeit Gottes gehört und angenommen. Sie verständigen sich mit der ewigen Gottheit auf das Lieblichste, Schönste und Klarste.

Dagegen ist das schönste Orgelkonzert, das ich eines Abends höre, nichts. Und doch ist die Musik dieses Johann Sebastian Bach, der solch meisterliche Orgeltöne komponiert hat, einfach schön. Andere empfinden eher die Klänge der Beatles als schön. Ob Bach oder Beatles – es gibt immer noch eine Steigerung für uns. Genau deswegen lohnt es sich zu hören und zu leben!

Und weil wir eben leben und Leben erfahren wollen, deswegen ertragen wir dann auch die weniger schönen Geräusche, also jene schrillen, kranken Töne, diesen ganzen Lärm, der uns fast jeden Tag fertigmacht. Zum Glück sind diese Störungen nur vorübergehend. Was aber bleibt? Darauf geben die Verse 5 und 6 eine Antwort: *„Die sollen loben den Namen des Herrn; denn er gebot, da wurden sie geschaffen. Er lässt sie bestehen für immer und ewig."*

Eine bemerkenswerte Aussage: Die Geschöpfe loben Gott, weil er sie schuf und ihr Leben dauerhaft erhält. Ihr Gotteslob ist pulsierende Lebenskraft, die nie versiegt. Ihr Gotteslob ist ebenso stabil wie die Ordnung der Schöpfung – komme, was da wolle. Es brechen zwar noch manche Katastrophen über diese Welt herein, doch aufs Ganze gesehen sind dies nur vorübergehende Störmanöver. Sie sind Geburtswehen einer neuen Weltordnung Gottes, die unzerstörbar sein wird.

Die gewaltigen Stimmen der Natur, die Stimmen unserer Mitgeschöpfe und unsere eigenen Stimmen geben mir Hoffnung, dass das Gute und Wahre und Schöne am Ende siegen wird. Alle diese Stimmen vereinen sich jetzt schon mit den Chören der Engel zu einem Konzert, das den ganzen Welt- und Himmelsraum erfüllt. Diese Stimmen verstummen nicht. Sie tönen weit und immer weiter bis in die fernste Zukunft, wenn Gott eine ganz neue Welt erschaffen wird.

Spüren wir jetzt schon etwas von dieser Stimmung in uns? Spüren wir die Steigerung des Gotteslobes in der Schöpfung und in der himmlischen Welt? Jeder gute Klang, jedes Rauschen der Wälder, jedes Säuseln des Windes, jedes stürmische Brausen, jedes Vogelgezwitscher will uns erheben und uns in dieses Lob hineinnehmen. Jedes Konzert mit seinen Stimmen und Instrumenten, jedes Glaubenslied, das wir im Radio hören und vor allem auch jeder echte Lobpreis im Gottesdienst will dich innerlich bewegen und nach oben ziehen. All dies ist ein kleiner Vorgeschmack auf die große Zeit, die auf uns zukommen wird in Gottes neuer Welt, wenn das Lob Gottes noch klarer, noch schöner und noch gewaltiger uns und die neue Welt erfüllen wird.

Gebet: Vater im Himmel, du hast uns mit unseren Stimmen geschaffen, und manche von uns spielen Instrumente. Damit ehren wir dich, weil wir wissen: Du bist der Beste und Schönste und Höchste. Du bist es wert, dass wir dich mit deinem Sohn Jesus und dem Heiligen Geist loben. Wir tun dies von ganzem Herzen, mit allen unseren kleineren und größeren Möglichkeiten und mit unserer ganzen Kraft.

SG

PSALM 149,1

**Halleluja,
singet dem Herrn ein neues Lied.**

PSALM 150

Halleluja!
Lobet Gott in seinem Heiligtum,
lobet ihn in seiner himmlischen Wohnung!
Lobet ihn für seine mächtigen Taten,
lobet ihn in seiner unvergleichlichen Größe!
Lobet ihn mit dem Klang der Posaune,
lobet ihn mit Harfe und mit Zither!
Lobet ihn mit Tanz und Tamburin,
lobet ihn mit Saiteninstrumenten und Flöten!
Lobet ihn mit klingenden Zimbeln,
lobt ihn mit dem Klang lauter Zimbeln.
Alles, was atmet, lobe den Herrn!
Halleluja!

TEXT- UND BILDNACHWEIS

Name	Kürzel	Psalm
Böcking, Paul-Ludwig	BLP	89, 125
Bombosch, Ulrich	BU	32, 46, 53
Bruck, Hans-Peter	BHP	57
Engelhardt, Ingrid	EI	71
Engelhardt, Norbert	EN	45, 54
Engelhardt, Stefanie	ES	18, 63, 84, 91, 92, 111, 123, 130, 138, 145
Geier, Daniela	GD	48
Geier, Manuel	GM	86
Gerardo, Antonella (Italien)	GeA	102, 108, 143
Gomer, Traudel	GT	107, 131
Grant, Allan (Schottland)	GA	134, 141
Kampe, Philip	KP	73, 96, 122, 127, 129
Köhler, Werner (Schweiz)	KW	126
Kowalzik, Andreas	KA	133
Kowalzik, Thomas	KT	34, 103, 135
Link, Hanna	LH	98
Link, Johannes	LJ	39
Lohmann, Peter	LP	37

Nagel, Bruno	NB	139
Nagel, Ulla	NU	55
Scheunemann, Volkhard	SV	40, 67, 117
Schlittenhardt, Gabriele	SchG	76
Schulz, Viktor	SchV	116
Shibata, Masao (Japan)	SM	95
Spieth, Gottfried (Schweiz)	SG	140, 144, 148

Alle Andachten ohne Buchstabenkürzel am Ende stammen von Werner Schlittenhardt.
Alle Zeichnungen stammen von Stefanie Engelhardt.
Alle Fotos stammen von Teresa Kowalzik (außer S. 122, New York).
Das New-York-Foto stammt von Werner Schlittenhardt.

VOM SELBEN AUTOR ERHÄLTLICH:

Aus der Quelle
365 frische Impulse
Gb., 592 S., 13,5 x 20,5 cm
Best.-Nr. 271 560
ISBN 978-3-86353-560-5

365 Andachten laden dazu ein, Jesus im Alltag zu erfahren, jeden Tag neu aus seiner Quelle zu leben und von ihm zu lernen. Der Autor gibt lebensnahe Impulse, die in das Leben eines jeden Christen hineinsprechen: ermutigend, herausfordernd und an der Bibel orientiert.